掌控

如何轻松影响他人

CONTROL

林 之◎著

黑龙江教育出版社

图书在版编目（CIP）数据

掌控：如何轻松影响他人 / 林之著. -- 哈尔滨：黑龙江教育出版社, 2017.7
（读美文库）
ISBN 978-7-5316-9530-1

Ⅰ. ①掌… Ⅱ. ①林… Ⅲ. ①心理交往 - 通俗读物 Ⅳ. ①C912.11-49

中国版本图书馆CIP数据核字（2017）第199477号

掌控：如何轻松影响他人
Zhangkong：Ruhe Qingsong Yingxiangtaren
林 之 著

责任编辑 高 璐
封面设计 MM末末美书
责任校对 杨 彬
出版发行 黑龙江教育出版社
（哈尔滨市南岗区花园街158号）
印 刷 保定市西城胶印有限公司
开 本 880毫米×1230毫米 1/32
印 张 7
字 数 140千
版 次 2018年1月第1版
印 次 2018年1月第1次印刷

书 号 ISBN 978-7-5316-9530-1 定 价 26.80元

黑龙江教育出版社网址：www.hljep.com.cn
如需订购图书，请与我社发行中心联系。联系电话：0451-82533097 82534665
如有印装质量问题，影响阅读，请与我公司联系调换。联系电话：010-64926437
如发现盗版图书，请向我社举报。举报电话：0451-82533087

前言
Preface

现实生活中的每个人，不是被人影响着，就是影响着他人。但凡成功人士都是能很好地掌控全局、轻松影响他人的人。

做大事之人需要具备各方面的能力，然而，良好的心理控制力是成就一切的基础。三国时期的诸葛亮之所以能够在城楼上焚香抚琴，靠的就是出色的掌控力。如果他的心理控制力不够强的话，那么他的一举一动都会被司马懿看出破绽，也就不会有“空城计”这一佳话了。

在历史上的诸多战事中，我们看到的是战场上的厮杀，实际上，在将士厮杀的背后，是两军统帅的心理战，谁能赢得战争，不光是看两军的实力，更要看哪一方的统帅的掌控力更强。

事实证明：掌控力强的人，更容易影响周围的人和事，引领群众的舆论导向，甚至把控世界发展的脉搏。他们都有坚强的意志、顽强的毅力、稳定的心理。他们从不轻易被外界所扰，也从不轻易被不良情绪所扰。他们能轻松驾驭自己，更能轻松影响他人。

要想轻松影响他人，必须熟悉掌控的基本原理，掌握必备的心理战术，才能达到掌控别人、影响别人的目的。只有你的言语行动，包括思想，对他人产生了不可磨灭的影响，你离成功的目标才会越来越近。影响得越深刻、越深远，你才会成就斐然。

作为一名销售经理，你需掌握影响消费者心理的营销法则；作为职场中人，你需掌握影响他人的沟通法则；作为商界领袖，你需掌握影响全局的社交法则；作为家长，你需掌握影响孩子一生的亲子法则……

社会在发展，一切都在与时俱进。如果你的思维模式跟不上时代的步伐，你仍陷在老套的思维中按部就班、思维守旧，那么注定你只能处于被别人掌控的境地。不得不承认，那些因为拥有良好心理状态获取成功的事例，听起来是多么的神奇。心理能够在不知不觉中改变一个决定，一种行为，甚至一个人。

心理学研究的就是人脑的机能，人脑对客观物质世界的主观反映。人类行为是大脑对外界刺激作出反应，然后将行为信息传递给人体各个组织器官的具体表现。因此可以说，心理是人们行为的操控者，想要操控行为，就必须先学会掌控心理。而事实证明，它确实有着将世界改变的无形力量。

生活中，我们绝大多数人都在为梦想而努力打拼，其间，难免有苦闷、焦躁、混乱、失落等牵绊着成功的脚步；难免有打击、奚落、拆台、欺骗的小人。如何突破这些障碍，将掌控权握在手里，在不被他人影响的前提下影响他人，顺利地走向成功？这就需要我们学会和运用一定的掌控术。

鉴于此，我们编纂了本书。本书涵盖面广泛，不仅有心理学必备常识，更有生活中掌控和影响他人的实战案例。从轻松影响他人的6个掌控原理，到轻松影响他人的9种掌控术，再到轻松影响他人的营销法则、沟通法则、社交法则，最后到如何做到反向掌控、影响企图影响你的人，可谓面面俱到。希望各位读者朋友能够通过阅读本书，掌握控制心理的方法，提高影响他人的技能，为各自的交际活动提供有效的帮助。

本书从当代人的生活状况、工作状况出发，剖析了为何有的人容易被他人影响，有的人能随时随地影响他人，揭示其背后隐藏的内在原因，同时提供了一系列掌控工作、情绪、生活的有效解决方案，为广大读者提高工作效率、调控思想情绪、优化生活秩序指明了便捷的通道，从而改变现状，释放忧郁、焦虑，排解烦恼、苦闷，在工作、生活、感情之间游刃有余。

只要你能掌握控制的能力，你就能从工作中找到快乐，在生活中获得幸福，从而彻底改变你的人生命运！

目录
Contents

第一章 轻松影响他人的 6 个掌控原理

互惠原理 / 003
喜好原理 / 005
权威原理 / 010
短缺原理 / 015
社会认同原理 / 036
承诺和一致原理 / 053

第二章 轻松影响他人的 9 种掌控术

洗脑术 / 067
催眠术 / 073
诡辩术 / 076

心理暗示术 / 080
行为矫正术 / 083
需求诱惑术 / 087
软绳捆柴术 / 089
舆论效应术 / 092
攻其软肋术 / 094

第三章 掌控消费者：轻松影响他人的营销法则

定价的影响力——价格歧视是如何诱导消费者的 / 099
色彩的影响力——高科技企业为什么喜欢用蓝色 / 102
品牌的影响力——为何暗示语能吸引消费者的关注 / 106
广告的影响力——为什么促销能引来大批消费者 / 108
产品设计的影响力——人性化设计为何招客户喜欢 / 112
文案的影响力——标题党是怎样吸引你眼球的 / 115
秒杀的影响力——饥饿营销是如何达到销售目的的 / 117

第四章 掌控你的对手：轻松影响他人的沟通法则

避免直言——下属这样说，领导才有耐心听 / 127
体恤关怀——领导这样说，下属才会言听计行 / 130
平等交流——同事间这样说，才能成为好搭档 / 136
巧妙攻心——谈判时这样说，才能摆脱僵局 / 141
以礼入情——销售员这样说，客户才会动心 / 146
言语温和——家长这样说，孩子才会用心听 / 150

第五章 掌控你周围的人：轻松影响他人的社交法则

微笑社交——跟任何人都能聊得来 / 157
形象制胜——用气质打开他人的心门 / 161
拉近关系——得到认同后轻松影响他人 / 165
有效倾听——用赢家的思维模式影响他人 / 169
投石问路——用肢体动作俘获人心 / 173
拒绝有道——明确态度，给他人施加影响 / 178

第六章 反向掌控：影响企图影响你的人

识破谎言——理性思考，让说谎者的逻辑不攻自破 / 185
识破骗局——明察秋毫，让骗子毫无可乘之机 / 191
反洗脑——保持头脑清醒，让企图洗脑者却步 / 198
反诡辩——突破思维定式，让诡辩者甘拜下风 / 203

后记 / 212

第一章

轻松影响他人的 6 个掌控原理

你想成功地影响你身边的人吗？你想成功地说服你的上级、下属、同事、客户及对手吗？你想成为万众瞩目的“社交明星”吗？你想成为卓越的销售、沟通、演讲大师及管理者吗？……这些所有你追求卓越过程中期待出现的局面，本章都能给你不一样的启示。

本章着重讲述影响力的深层原因——轻松影响他人的6个掌控原理。了解这些有趣的心理学知识，会让你彻底改变看待自己和他人行为的方式，改变被动局面，轻松影响他人。

互惠原理

互惠原理是社会基本规则之一。人类之所以有别于其他动物，是因为我们的祖先学会了在一个公平的偿还网络中分享他们的食物和技能。正是由于有了这样一张网，才有了劳动的分工、不同商品的交换以及不同服务的交换。它使人们可以放心地先给予别人资源，而不会担心这种给予是白白浪费。别人会由于负债感记得你的给予，并在合适的时候偿还你。

互惠是人类特有的文明，是做人的基石，是人际关系的基础。人类需要合作和互惠。E-mail为什么是免费的？在门户网站浏览新闻为什么是免费的？这是因为它最大限度地把互惠原则应用在了互联网中。用户心存感激之后，就会寻找机会回报。

互惠原理认为：人们倾向于尽量以相同或相似的方式，报答他人为自己所做的一切。比如说，如果人家给了我们好处，我们就应该本着礼尚往来的精神以类似的行为加以答谢，不应该无动于衷。

互惠原理在人类文明中几乎无处不在。有一则极富传奇色彩的故事：

一位年轻售货员对一位普通的老太太招待很周到，不但搀扶着她出门，还为她撑起雨伞，一直到她上了出租车。几天后，商店老板收到一封来信，是老太太的儿子写来的，感谢售货员对他老母的热情接待。然后，他在商店购买了一大批昂贵的家具及其他用品，等于商店两个月的营业额。

那位年轻的售货员后来成为美国东部一家大型百货商店的总经理。老太太是谁呢？是美国钢铁大王安德鲁·卡耐基的母亲。

一个人如果接受了人家的恩惠却不打算回报，在社会群体中是极不受欢迎的。因此，我们总是要尽一切可能确保这个原理达到它的目的。给予是一种责任，接受是一种责任，偿还也是一种责任。正是由于互惠原理的广泛性，使得交换和分工产生。作为一个组织或社会，互惠原理使人们之间的联系更紧密。所谓“滴水之恩，当涌泉相报”讲的就是这个道理。

互惠原理常常会把偿还的义务强加到我们头上，但我们从互惠原理中得利的时候还是占多数的。正因为如此，笃信并且服从这个原理也就成了我们生活中的一项十分重要的行为规范。我们每一个人都知道遵守这个规范原理，违背它就会遭到无情的唾弃和嘲弄，甚至会被戴上忘恩负义之类的帽子。

一般说来，整个社会对不遵守互惠原理的人的确有一种发自内心的厌恶。为了避免被贴上像乞讨赖账、忘恩负义这一类的标签，即使是不公平的交换，我们有时候也是愿意接受的。因此，一方面是发自内心的强烈不安，一方面是来自外部的巨大羞辱，两者结合在一起，便造成了十分沉重的心理负担。了解到了这一点，对于人们在互惠的名义下会心甘情愿地付出比自己得到的多得多的东西就不会感到太难以理解了。而且，即使人们的确有某种需要，如果感到自己难以回报，往往也会尽量避免向他人寻求帮助。这并不奇怪，因为尽管物质上的损失是人们不想看到的，但与心理上的重负一比也就不算什么了。而恰恰是这种状态给一些想要利用互惠原理获利的人提供了机会。

对于互惠原则如何应用到我们的人际交往中，是我们可以思考的问题。其中的一个重点当然是礼尚往来。礼尚往来的重点就是要能够真正地看清楚你要交的朋友。益者三友，友直，友谅，友多闻。只要能够交到这样的朋友，形成一种礼尚往来的互惠原则是很自然的事情。如果不是，则反而可能被朋友的互惠原则所影响。在现实生活中有太多由于接受他人的小恩小惠而付出惨痛教训的例子，值得我们去思考。

最后，不要在需要朋友或他人协助的时候再进行一种互惠原则和利益的交换，这给别人的印象是你太势利和功利心太重。人脉建立的重点应该放到平时的生活中多注意礼尚往来，多注意联络和沟通感情，建立一种相互信任的友情。

挑选出你认为重要的、需要被关注的人物。每个月做一件你所关注的人所喜欢的事。一年后，你将令自己变得更有影响力。

喜好原理

本节将讨论喜好原理的真谛，也就是说，人们总是愿意答应自己认识和喜爱的人提出的要求。

基于这个原理，你就不难理解爱屋及乌这个成语典故的意思了。由此，你将可以投其所好地应用好这个原理，比如说，赞美你所认识的每一个人，对每一个和自己有关联的人微笑……总之，一切尽在喜好中！

从人的本性来说，大家都喜欢跟自己喜欢的人打交道。而与自己相似的人、让自己有愉悦感的人，通常会是喜欢的人。

一、产生喜好的因素

1. 外表的吸引力。

虽然我们都知道评价一个人应该全面和客观，但那只是理想。很多人在7秒钟内就被人拒绝了，而有些人，却有了一见钟情。我们所理解的外表不仅仅是外表，而应包括言谈举止。因为这些，跟我们的相貌、衣着等一起，形成了给人的第一印象。

2. 相似性。

物以类聚。有着相同兴趣、爱好、观点、个性、背景甚至穿着的人，更容易有亲近感。更不用说在销售中常被运用到的五同：同学、同乡、同事、同窗、同性。人都是个性化的，但在社会交往中，若要获得良好的人际关系，寻求更好的沟通和交流，就必须学会：求同存异。

3. 称赞。

从心理学上来说，每个人的内心都是渴望被赞赏的。所以，伟大的汽车销售员乔·吉拉德那载入吉尼斯大全的骄人业绩，有很大程度来自于他每年寄出的1.3万张贺卡。而贺卡上只有千篇一律的几个字："我喜欢你"——可见其威力。

发自内心的称赞，会激发人们的热情和自信。而仅靠嘴发出的称赞，则叫奉承。古往今来，很多看似无德无能之人，却能得到重用，这便是最重要的法宝之一。

4. 接触与合作。

我们对接触过的事物更有好感，而对熟悉的东西更是有着特别的偏爱。这也是为什么在沟通技巧的培训时，会强调在"同一个频道"，如对方的语速、用词、口头禅等，都是获得认同不可忽视的细节。

为了共同的目标而合作，使大家改变成见，互相了解和帮助。尤其是在遇到困难时，更能够增进彼此的了解，增强好感，建立友谊。

5. 关联。

现在很多企业因为一个产品做得非常好之后，就开始多元化经营；不少明星开始出唱片，很多明星开服装店、涉足餐饮业，建立自己的化妆品品牌……这些都是充分利用了关联原理。最容易理解的是近几年流行的"粉丝"一族。他们因为喜欢某个人的歌声，就无条件地喜欢他（她）的一切，并为了维护自己的偶像互相谩骂，甚至大打出手。看似幼稚的行为，其实是正常的心理现象。

二、应用"首因效应"打开喜好之门

第一印象非常重要，它在人的社会影响力中起着极大的作用，但常常被人们忽视。如果你不想丢失任何成功的机会，别忘记第一印象的影响力作用。

在心理学上，第一印象被称为“首因效应”，无论它是正确的还是错误的。大部分人依赖于第一印象的信息。这种第一印象的形成对于日后的影响力起着非常大的作用。第一印象就是效率，是经济效益。它比第二印象、第三印象和日后的了解更重要。第一印象是决定人们是否能继续交往的关键。

心理学家研究发现，人们的第一印象的形成是非常短暂的。有人认为是在见面的前四十秒钟形成的，有人甚至认为只有两秒钟。在现实生活中，有时这几秒钟就可以决定一个人的命运。别人是否喜欢你、认同你，第一关就在于初次见面。人们普遍喜欢那些穿着得体，为人热情、友好、宽厚、祥和的人。

现代社会人人都在推销自己、影响别人，形象便是个人的商标。要想成功地推销自己，影响别人，就要把自己包装成名牌，必须拥有良好的教养。它包括你的穿着、言行、举止、修养、生活方式、知识层次、家庭出身、住在哪里、开什么车、和什么人交朋友等这些为我们塑造影响力提供了很大的空间。

每个人都具有对他人构成第一印象的影响力。这种第一印象在不到30秒钟就已基本形成，并且第一印象决定了对此人今后的评价。印象本身并不是固定的，它也会随着人们的交往而发生变化。但所有的变化无不以第一印象为原点，所以，初次见面是给人留下什么印象，对于今后你对他人的影响起着至关重要的作用。

据调查，大多数人所喜欢的人具有下列特征——开朗、待人亲切、富有同情心、诚实、爽快、勇于实践、有责任感，等等。在一些测验中经常看到的结果是：具有开朗、快活、温柔、和气的表情的人让人喜欢。

因此，表情对于第一印象而言至关重要。换而言之，表情是第一印象的素描。对于要提升自己影响力的人，每天必须要保持一个良好的表情。

提升影响力，除了表情之外，还有心态、谈话方式等。一个人的心态包括同情心、爱心等。一个有影响力的人要具备同情心，能够设身处地地为他人着想，体谅、理解他人。一个有影响力的人之所以具有同情心，是因为有这样一种人生观支配着他，即对于每一个人来说：人生只有一次，并且一个人绝不可能独自活在世上。因此，在为人处世中，不仅自己要经常以良好、愉快、舒畅的心情对待人生，还应与他人和睦相处，不要制造不愉快的气氛。这种人生观与“得过且过”或“以伤害他人、难为他人为乐趣”的态度是截然对立的。

同时，谈话方式完全可以反映出一个人的影响力。有的人谈吐颇具吸引力，使听者如醉如痴，如同一种享受。也有的人谈吐给人以乏味、无聊的感觉，此时的谈话场所仿佛一个牢笼，使人产生一种尽快逃脱的欲望。在不同的表达效果的作用下，这两类人的魅力当然不可同日而语了。

此外，体态优美、容貌秀丽、风度翩翩的人容易赢得人们的好感。电影演员自不必说。一些歌手、运动明星之所以具有巨大的影响力，成为人们心目中崇拜的偶像，除了他们在艺术上、技术上的影响力之外，其形象的超凡脱俗也起到很关键的作用。

一个人如果只关心自己，他很难成为一个被人喜欢的人。要成为受人敬重的人，必须将你的注意力从自己的身上转到别人的身上去。

权威原理

权威原理认为：使人信从的力量和威望就是权威，权威是被人们普遍认为非常正确、没有差错、不可抗逆的，那些值得信赖和尊敬并引以为行动标准的部门或人就是权 威的最好载体。

人们为什么相信某一领域的专家，人们为什么相信前辈或长辈的教诲，人们为什么相信卖给自己家电的企业的技术人员的指导……这就是权威的力量！

我们经常会被一种很强大的力量推动从而去做某一件事情，我们经常给自己树立起一个“榜样”并朝他的方向去努力，我们遵从权威之道，觉得按照这样的方法行事只有对没有错。很多时候，领导能够有效地调动起我们对权威的崇拜和敬畏，即使只是一句普通的话，也会让我们觉得受益匪浅。这便是权威的力量。

拥有权威的人一般情况下都是一种人：领导。领导是一种社会角色，领导即象征着影响力。

通常说的“领导”，由领导者、被领导者和环境三个要素构成。领导是一种组织导向行为，它有主体和客体之分。导向的主体是领导者，导向的客体是被领导者。领导者和被领导者的文化观念、价值追求、目标选择以及目标所指、目标实现的方式都要受文化的、政治的以及生产力水平的影响和制约。

美国管理学家，管理过程学派的主要代表人物之一哈罗德·孔茨把领导定义为影响力，强调知识的权威以及人品、作风更具有大的影响力。

哈罗德·孔茨还认为，领导者必须具备以下四种要素组成的综合才能：

1. 有效地并以负责的态度运用权力的能力；

2. 对人类在不同时间和不同情景下有不同的激励因素能够了解的能力；

3. 鼓舞人的能力；

4. 以某种活动方式来形成一种有利的气氛，以此引起激励并使人们响应的能力。

美国最著名的领导学家柯维也认为，领导的本质是影响力。或者说“领导的才能就是影响力，真正的领导者是能够影响别人，使别人追随自己的人物”。

由此观之，权威有很大的领导力和影响力。运用权威，不仅可以成功地说服别人，而且可以取得自身的成功。

但是，作为一个以身作则的领导者，也要克制自己的冲动，为下属树立榜样，用榜样来影响他人。要尊重他人，协助他人建立内在的价值和自尊。

一、权威原理与领袖的三要素

动物会选择王者，人类社会也需要领袖。孩子们会选择他们中有领导才能的来当孩子王，工作者也会选他们中的精英分子来做领袖……每个组织都需要不同的领袖，人们会根据组织的特点而选择他们认可的领袖。

针对这个现象，耶鲁大学的众多心理学专家及管理学教授进行过相当长时间的研究，并得出这样的结论：人们选择出的领袖通常会满足他们自己的三种心理需要：

1.受重视的感觉。

每个人都有被别人需要的心理需求，无论这个人的能力有多大，贡献有多少，当领袖让其感受到被需要的时候，其追随者都会尽力为组织贡献自己的力量。

受人重视，是人所共想的。他人肯定的目光也是自己想得到的。

2.团队精神。

让追随者有良好的团队感觉。在这个团队中，大家相互需要，相互关怀，并相互尊重。让他们觉得他们是组织的主人，使之有很强的参与感。

3.风雨同舟。

让追随者感到，不管发生了什么，领袖都在他们的身边，与他们并肩作战，注重他们的感受，并满足他们的正当需要。只有符和人们理想中的领袖，才能具有号召力，才有无与伦比的影响力与说服力。

二、让权威产生影响力的心理效应

领导意味着影响力。那么，影响力究竟是什么？影响力一般指一个人在人际交往中，影响和改变他人的心理与行为的能力。领袖的影响力，就是领袖在领导活动中，有效地影响和改变组织其他成员的心理与行为，使之纳入群体活动目标轨道的能力，也就是领袖的状况和行为在追随者身上产生的心理效应。

耶鲁大学的一些管理学方面的研究者曾做过这样一个实验，请一位不为人们所喜欢但具有丰富知识的人当众阐明一些事实。实验者发现，该人所说的事实并没有立刻被他人所接受。但随着时间的推移，人们渐渐忘记了该事实是谁说出的，却没有忘记他所说的内容。这时，人们开始受到其说话内容的影响。这种影响的滞后效应被称为“睡眠者效应”。但是，当提醒人们这些话是曾经由谁说出的时候，人们对这些话的抵制便又重新恢复。

在这个实验里，涉及一个人的人格与知识是如何对他人产生影响的。也就是说，领袖影响他人的能力，就是他的权力。如果一个领袖具有相当的人格魅力，成为他人敬仰和模仿的对象，他就具有了影响他人的“参照权”；如果一个领袖拥有丰富的专业知识，他就拥有了影响他人的“专家权”。但“睡眠者效应”告诉我们：若是领袖只具有“专家权”，而缺乏“参照权”，那么便会影响“专家权”对被领导者产生作用。人们可能因为一个事实是由他所不敬佩的领袖说出，就在心理上抵制他，拒绝相信他。

影响力的含义并不是单一而简单的，而是具有多重性与复杂性的。比如品格因素会引发人们的敬爱感；才能因素会引发人们的敬佩感；知识因素会引发人们的信赖感；感情因素会引发人们的亲切感……影响力就是以上种种的感情的总和，更是实现领导的标志。

领袖要影响的不仅仅是追随者们的具体行为，而且要影响团体成员的价值取向和思想观念。这种影响的有效产生，不仅依赖领袖所具有的职位权力，如奖酬权、强制权和合法权，而且更依赖他所具有的个人权力。“参照权”和“专家权”就是两种最基本的个人权力。凭借这种个人权力，领袖不仅可以以组织的名义对团体成员提出工作要求，而且还可以以个人名义对他们的思想和行为产生积极的影响。但是，当领袖只有“专家权”而缺乏“参照权”时，他对人们的个人影响力就会大大减弱。反之，如果领袖深受人们信赖与爱戴，那么即使他在知识方面有所缺陷，人们还会热心支持他。

三、权威原理的应用

权威的力量，只有在使用过程中才能体现出来。

尽管你是一条龙，可是在没有成功之前，你不要急于表现自己。孟子说：“天将降大任于斯人也，必先苦其心志，劳其筋骨，饿其体肤，空乏其身，行拂乱其所为。”此时，你的任务是树立人格，磨炼自己的意志，积累自己的资源。一个人是不是一条龙，在于是不是有自强不息的精神。这是你在这个最困难的时期必须集中精力去做的。此时树立一个不可动摇的意志，必然有出头之日。权力的运用正是如此。暂时没有掌握权力的时候，谋定而后动，不要过于急切地表现出对权力的欲望，要先提升自己的能力，建立自己的人脉，了解足够的信息，蓄势而发，不可轻举妄动。

成功运用权力的人都有个共同的特点，那就是在突发事件面前能镇定自若，保持低调积累的心态，从紧张而又复杂的局面中找出有利于己的因素，化解危机。

权力和“名利”二字是伴生的。许多人因为看不破“名利”二字，结果在权力的漩涡中打滚。但是只要操作得法，既能用权力办成事，又不让权力之锋伤到自己也绝非不可能。其中关键就是看破“名利”。像范蠡、张良、诸葛亮之类的高明之士就是如此。另外，当条件不成熟、时局尚未明朗之际，绝不能过早暴露自己的意图。就像司马懿早就对皇帝的宝座产生了觊觎之心，很想取而代之，但他还是采取了韬光养晦的策略，骗过了最大的敌人，暗中等待时机，一举成功。

很多人之所以失败，就是因为没有司马懿的头脑。

短缺原理

短缺原理认为：一种事物稀少，大家都想得到，所以，就变得抢手，显得尤为金贵，俗话说的“物以稀为贵”就是这个道理。

为什么“北京的白菜运往浙江，便用红头绳系住菜根，倒挂在水果店头，尊为‘胶菜’”；为什么“福建野生着的芦荟，一到北京就请进温室，且美其名曰‘龙舌兰’”；为什么工科院校里相貌普通的女孩也能大受追捧……这种种现象归纳起来，不外乎就是短缺原理的最好诠释！

一、疯狂的石头，疯狂的影响力

“短缺”这个原理，大多用于经济领域。这种现象在商品经济关系中主要是指供求关系对价格有影响。在经济学里，我们听过“短缺原理”或者“短缺现象”，大致的意思就是说市场上如果出现一种物质的短缺，就会引起诸如价格、购买行为等一连串的行为变化。价格的变化很容易理解，也比较容易观察得出来，但购买行为，相对而言比较隐形。

我们这里所说的短缺，是指稀少。事物稀少，大家想得到，所以就变得抢手，显得越加宝贵。这很快就让人联想到大家挂在嘴边的俗语：物以稀为贵。鲁迅在《藤野先生》一文中说：“北京的白菜运往浙江……尊为‘胶菜’；福建野生着的芦荟，一到北京就美其名曰‘龙舌兰’。”其实讲的就是这个道理。

产生短缺的主要因素有：稀有；竞争性；潜在价值。

有部国产电影《疯狂的石头》。它被称为是一部前所未有的现代喜剧。故事由一块在厕所里发现的价值不菲的翡翠而起。本来只是重庆某濒临倒闭的工艺品厂为扭转经济效益搞的一个展览，希望卖出天价可以改善几个月发不出工资的局面。不料国际大盗麦克与本地以道哥为首的小偷三人帮都盯上了翡翠，通过各自不同的“专业技能”一步步向翡翠逼近。

一块“石头”，竟然让各色人群八仙过海，各显神通，原因何在?

稀有性：百年难得一见的好翡翠。

竞争性：国际大盗与当地小偷皆对此翡翠一见钟情。

潜在价值：能卖个好价钱，从此荣华富贵，坐享天伦。

当然，短缺的宝贵性并不是一成不变的。铝在刚刚问世的时候因为稀有，甚至比黄金还贵。后来铝愈发地多了，开始贬值了，从而不再珍贵。

在这里，我们要讲的是，在一些无形资产，比如在人性中，这种短缺原理发挥着很大的作用。

短缺原理在很大程度上能够影响并说服别人，在应用得当的情况下，它能使对方说“是”，让对方认同。

那么，短缺究竟意味着什么呢？

1. 短缺意味着机会少、价值高。

机会少、价值高，这一点在前面已经分析过，是毋庸置疑的。大家都喜欢去收集限量版的各色物品，也是很好的例证。目的在于限量版的物品会无限升值，会给人们带来盈利。所以人们竞相去收集。

2. 短缺并不代表完美。

短缺并不代表完美。例如，在一个IT公司里，除了前台，几乎整个公司的员工都以男性为主。在这个时候，负责前台接待的几位女性便尤其受到公司男员工的青睐。这并不代表这些女员工有多优秀、多美丽。所以说，短缺，从一定程度来讲，并不代表着完美。

3. 短缺不是固定不变的。

短缺不是固定不变的，通过一些特别的手段，我们可以很好地“制造短缺”。

人才，是这个社会候选人最多当选人却最少的一类人群，因为其稀有性，从而被社会这个“大伯乐”寻寻觅觅甚久却始终乐此不疲。

那么，在我们的现实生活中，如何利用短缺原理成为人才？如何让他人感受到你的影响力？如何让他人对你的发言说“YES”？这是我们在下一节要着重讨论的问题。

二、“金贵”所带来的影响

1. 价格影响。

再来看看日常生活中，这条法则对我们造成了什么样的影响。比方说，买东西的时候，你看到一件夹克衫，标价挺合理：“六十九。”“嗯，还不赖。”你心想。可仔细一看，你却发现刚才看错了，那件夹克衫标价其实是“六百九”。突然，你对那件夹克衫的看法发生了戏剧性地改变。你意识到这么昂贵的夹克衫一定拥有“相当的品质”；裁缝的做工“如此”精美细致。你注意衣服的每一个“细节”。你“领会”着其中的原因。当然，它还是“六百九”的时候，你不大会买的。但如果下星期“大甩卖”降到“一百二十九”的时候，你可能就要抢着买了。为什么会这样呢？因为受了前面“六百九”的定价的影响，你“觉得”这件夹克衫，它值“六百九”！

2. 可能性影响。

除了“价格”，事物的“可得性”是决定其价值的另一个因素。简单说，就是物以稀为贵。黄金、石油、钻石为什么会比空气和水贵得多？因为黄金等物的产量少。是啊，空气和水是我们维持生存不可缺少的东西，但即使这样，我们还是觉得黄金珍宝更贵重。

然而，也存在这样的情况：什么时候等你缺了一整天的水，水变得非常稀缺了。这时你就会感受到水的珍贵！

综上所述，为了让自己更有价值，无论是为人还是处事，你都得矜持些，别太容易让对方“得手”了。

如果你整天坐在饮水机旁，整天替上司、替同事端茶泡水，那么别人会怎么看你呢？你的上司或同事，他们会觉得你很有价值，还是觉得你一文不值呢？

三、给自己一个“金贵”的“定价”

“如果你不替自己定个价，别人就会替你定。”这是生活中最伟大的真理之一。

那么，如何才能帮自己定价？怎样帮自己赢得尽可能多的利益？怎样让自己获得最大程度的优势呢？

1.塑造主观形象。

生活中，几乎每一件事都是主观的。就是说，大多数情况下，并没有什么绝对的真理。而所谓的“主观评价”，倒是很容易变成“事实”。所以，不管是为自己定价，还是为其他的任何事物定价，你都得先替他们塑造一个正确的形象。

2.加大自己的筹码。

谈判的开始阶段，你不妨开出一个天价。尽管有点儿超出情理，但这很重要，因为后面的谈判将因此被定下基调。无论何时，当你面对的是价值不明的人或物时，谁先定价谁就确立了它的价值。往明白里说，就是当我们谈到一个人的价值时，我们指的是他在别人眼里的价值，而不是作为人他有多少单独的价值。所以说，“价值”是一个未知的量，并且这个未知量的概念还会随特定原理的运用而改变。

值得注意的是：为了让对方知道你是认真的，你所开的价码，也不能高得荒谬。

3. 折中。

如果你处理的是一件无形资产时，那么你就由着自己的心意为它定价好了。只要它没有确立的价儿，就没人认为你开的价码超出情理。比方说，你是个业余的摄影师。拍照纯粹是你的一种嗜好。现在有人想雇你做他的自由摄影师。那么你要价多少呢？是啊，有些摄影师一天赚一万块。你的摄影水平到那个等级了吗？也许没有。不过要是你一天只开一百块的话，很显然，别人不会觉得你是个顶尖的业余摄影师了。那么如果你给自己开了一天三千块的价码，会不会招来别人的嘲笑呢？不大可能。因为即使你也觉得，三千块一天太贵了，他们付不起。但你还可以从你自己定的高起点价开始，和他们进行协商谈判啊！最后，你得到的可能是一天五百块的报酬，比三千块少一些，但也可以了。而对方呢？也得意扬扬，因为他们聘请来的，可不是个一天只值五百块的摄影师啊！不，他们用一天五百块的价钱，就请了个一天值三千块的摄影师！

四、特别造就了短缺

“短缺”造就了“机会”，“特别”将“机会”表现出来短缺就意味着机会，只要抓住机会，就可以以此对他人造成影响，从而取得说服的成功。

人除了有一般的需要外，还常有特殊需要——追求新异刺激。因此有特点的，或者说有特色的服务就比一般的服务更能吸引人。“绿林好汉”“海盗”，它们都是以人类潜在的文化情结作为设计刺激的重要依据。也就是说，它能把传说中的仅仅在文学作品中出现的怪诞离奇的场景现实化，使人们置身其中，满足猎奇心理。总之，只要看准社会的消费要求，适时地投其所好，就一定可以使生意愈做愈旺。

在上面的例子中，机会创造了价值，然而，这些例子都是应用在商业上的。这时候，有人不禁要问，那在实际生活当中，我们应该如何来看待“短缺”“特别”以及“机会”呢？怎样才能成为一个特别的、对他人有影响的人？

1. 态度决定一切——以100%的热情对待1%的事情。

经常会听人们口头上挂着这样的话：“这算什么呀，简直微不足道。”可是，你是否曾经想过，一屋不扫，何以扫天下？小事情中往往蕴含着大智慧。从短缺原理的角度来分析，那微不足道的一小点儿，或许正是你成功人生路上的绊脚石。

很多木板组成一个水桶，整个水桶的容量，不是由最高的那片木板决定，而是由最低的那片木板决定。这就是著名的水桶原理。水到99摄氏度只能叫热水，而不是沸水，说的也是这个道理。

物以稀为贵，那一点点，往往都起着很重要的作用。如果做到了那一点点，相信你离成功就更近了些。如果领悟到微不足道中的大智慧，相信你不但能把事情做好，还能够很深刻地影响他人，并且说服他人。

热情是一种难能可贵的品质。正如拿破仑·希尔所说：

“要想获得这个世界上最大的奖赏，你必须像最伟大的开拓者一样，将所拥有的梦想转化为为实现梦想而献身的热情，以此来发展和销售自己的才能。”

历史上许多巨变和奇迹，不论是社会、经济、哲学或是艺术，都因为参与者100%的热情才得以进行。拿破仑发动一场战役只需要两周的准备时间，换成别人则需要一年。之所以会有这么大的差别，正是因为他对在战场取胜拥有无与伦比的热情。

拿出100%的热情来对待1%的事情，而不去计较它是多么的“微不足道”，你就会发现，原来每天平凡的生活竟是如此的充实、美好。

2. 命运掌握在自己手中。

有位年轻人屡受挫折，于是他找到一位年老的智者，向他请教。年轻人问智者：“这世上到底有没有命运这回事？”智者回答说：“当然有。”智者轻轻抓起年轻人的左手，告诉他的手掌中有生命线与事业线。然后他让年轻人举起左手并且握成拳头。这时，智者问他：“年轻人，你的命运线在哪里？”

年轻人答道：“在我的手上。”智者又问了他一次：“你的命运线到底在哪里？”年轻人恍然大悟：原来自己的命运一直掌握在自己的手中。后来每当遇到挫折时，年轻人就会暗自握紧拳头，并对自己说：“命运就在我自己的手中。”几十年后，这位曾经屡受挫折的年轻人，终于实现了他自己的理想。

3. 生活是一面镜子。

英国作家萨克雷曾说：“生活是一面镜子。你对它笑，它就会对你笑。你对它哭，它也会对你哭。”在积极与消极的不同心态指引下，人们面对同一件事会采取迥然不同的处理方法，导致的结果也大相径庭。

当我们拥有积极心态时，就算是身处逆境，也能坦然面对困难与挑战，并且积极寻找解决问题的方法，进而在黑暗中也能找出一条路，因为我们从未绝望、从未放弃。

4. 相信自己能够成就大事。

这个世界上只有一个独一无二的你，这是个无可争辩的事实。世界上只有一个你，没有一个人可以等于你，没有一个人和你的指纹、你的声音、你的特征或你的个性完全相同。你是独树一帜的。明白了这一点，你会对自己更加看重和珍惜。即使在尚未找到机会之时，也应以成功者的姿态出现。事实上，这是一种增强自信心的方式。

5. 积极创造机会。

当我们遭遇挫折或陷入困境时，往往都会感叹或抱怨世事不公。然而，总有一些人不被逆境所打垮，即使在最艰难的时刻，仍会自我鼓励，甚至还会尽量用自己的积极去感染他人。由于他们始终能保持积极乐观的态度，以及积极寻求解决问题的方法，因此他们总能让希望之火重新点燃。还有，更重要的是，他们从不自我设限，所以能激发自己无限的潜能，进而每天都生活在正面的情绪当中，时时享有人生的乐趣。

6. 机会只留给有准备的人。

人生的赢家和输家只差别在一些小动作的准备上：每天花五分钟阅读、多打一个电话、适当时机的一个表示、在表演上多费一点儿心思、多做一些研究，或在实验室中多试验一次。如果一个人能把所有精力都投入到经营自己的专长上，结果会怎样？必然会有所成就！沃沦·哈特葛伦博士是一位博学多才的人。哈特葛伦在退休之前是一所大教堂的牧师。他曾经问过一位年轻人是否听过南非树蛙。年轻人坦率地回答："不知道。"

博士诚恳地说："如果你想知道，你可以每天花五分钟的时间阅读相关资料。这样，五年内你就会成为最懂南非树蛙的人，你会成为这一领域中最具权威的人。"

年轻人当时不置可否，但他后来却常常想起博士的这番话，觉得这番话真的道出了许多人生哲理。

大多数人都不愿意每天投资五分钟的时间（与五个钟头的时间相比实在是少之又少）努力成为自己理想中的人。想想看，我们的人生戏剧舞台的大幕早已拉开，可是今天的你是否会为明天的剧情而加以排练呢？

伍迪·艾伦说过，许多人在生活中90%的时间都是抱着"混日子"的心态度过的。大多数人的生活层次只停留在：为吃饭而吃、为搭公车而搭、为工作而工作、为了回家而回家。他们从一个地方逛到另一个地方，事情做完一件又一件，好像做了很多事，但却很少有时间从事自己真正想完成的目标。就这样，一直到老死。很多人临到退休时，才发现自己虚度了大半生。

在实现理想时，你必须与自己做比较，看看明天有没有比今天更进步，即使只有一点点。

只要脑子再多一点儿知识；只要脸上再多一点儿微笑；只要动作再敏捷一点儿；只要事前再多准备一点儿；只要细节再多注意一点儿；只要沟通时再多一点儿亲切感；只要再多培养一点儿创造力；只要再多一点儿果断的决策力。

评断你能力的裁判不是你的老师、你的客户或你的朋友，而是你自己！如何能把自己锻炼成为一个特别的人，如何能够抓住为数不多，但可能使你大展宏图的机会，取决于你自己。

7. 细微之处见“特别”。

细节的宝贵价值更在于，它是创造性的，独一无二的，无法重复的。

众所周知，通用电气公司前总裁韦尔奇是企业管理界的大师，被誉为“世界经理人的经理人”。那年，在得知韦尔奇正着手写一本商业管理著作时，书名尚未确定，即被时代华纳下属的“时代华纳贸易出版公司”以710万美元的天价买下了该书在北美的发行权。几乎可以断定，多数读了这本书以及了解这位传奇式英雄的人，认为韦尔奇在管理学基础理论上并无振聋发聩的东西。人们津津乐道的是他作为GE公司总裁在长达二十年的管理实践中所体现的一些管理细节。包括：手写“便条”并亲自封好后给基层经理人甚至普通员工；能叫出1000多位通用电气管理人员的名字；亲自接见所有申请担任通用电气500个高级职位的人员等。在世界最令人钦佩的大公司中，很少有哪家公司的老板能做到这些。正是这些一个又一个的细节，造就了这位管理大师的管理艺术。

人与人之间在智力和体力上差异并不是想象中的那么大。

很多小事，一个人能做，另外的人也能做，只是做出来的效果不一样。往往是一些细节上的功夫，决定着完成的质量。

五、制造短缺——让他人觉得你金贵

有这样一道心理测试题：

什么时候会觉得更珍惜一个人，更爱她（他）？

1. 拥有的时候？

2. 失去的时候？

3. 意识到将要失去的时候？

毋庸置疑，大多数的人都会选择“意识到将要失去的时候”。说起根本，这也是短缺原理给人们造成的心理影响。让人家觉得你金贵，让人家意识到随时可能失去你。如果能利用好这一点，就能够很好地说服和影响别人。

在中国台湾省台北市的博爱路，台北邮局的旁边，有一家经营了五十多年之久的老店——美味香食品行。几十年来名声在外，深得顾客的青睐，总是顾客盈门。特别是到了年节时分，许多台北人想买些食品、罐头等礼品走亲访友时，或买些腊肠、肉松等自己享用时，就会自然想到美味香食品行。

美味香食品行的食品色香味俱佳，让人垂涎欲滴，久久不能忘怀。

但是，老顾客都知道，到这里买东西有一个特点，就是必须早点儿去，去晚了只会白跑一趟。因为，食品已经卖完了。而且，这种情况几十年来从未改变过，但人们还是一样信赖有加。

美味香食品行究竟凭借什么使食品店的生意几十年保持长

盛不衰、红火异常呢？

究其原因，除了具有特色、质量绝佳之外，美味香食品行还有一个重要的法宝——食品店采用限量生产，即每天只生产有限的产品。

那可能有消费者会有疑问了，既然他们的食品那么受欢迎，为什么不多生产一些去满足顾客的需要呢？

这正是一般人的想法。而美味香食品行的想法却与常人迥异。“宁缺毋滥”是他们奉行的经营原则之一。

这家食品店的当家食品是烟熏火腿。烟熏食品是一门艺术。佐料、卤汁、火候等都很讲究。哪一道工序不过关，都不可能做出正宗的熏制品来。美味香食品行很重视烟熏制品的工艺。从老板、师傅到店员，全店上下通力合作，从原材料的选购、加工、制作，到接待顾客，每一步都做得十分精心、细致。使顾客从心底里觉得，到这里购物有一种深厚的可信感，而不会有受骗的顾虑。他们制作熏制品，只求精良，不求量多。为了让顾客满意称心，宁可少做一些生意，绝不把火候不够的东西拿出来卖。他们每天保持只做300条左右的火腿，除非你抢先一步，否则总要失望而归，因为那些火腿刚一出炉，就被等在那里的顾客抢购一空了。

“敬请明日光顾”。如果你晚去了，你只能得到这句客气的回答。

这就是所谓的“欲擒故纵”。“明日光顾”的做法可谓深得其精髓——不使所有的顾客都一下子得到满足，先“纵”走了今天未能如愿的顾客，却“擒”住了明日势在必得的顾客和每日稳定的消费群体。“纵”而放弃近利，但却能取信于人，“擒”住了五十年长盛不衰的声誉和延绵不绝的顾客群。

纵和擒看似相矛盾，但却是矛盾统一的，巧妙地利用了人们的“短缺心理”。“擒”是目的，“纵”是手段。纵，是为了最后的擒。纵，并非完全放任不管，只是一种策略罢了，不能强调一味地纵。美味香食品行深得“短缺原理”的精髓，别有用心地不使所有的顾客都得到满足，今天先“纵”，即故意让一部分顾客不能如愿，放走了这一部分的人，但却把他们的胃口高高地吊起来，来日再“擒”住他们。用行动影响并说服了他们。

人总是这样，越是得不到的东西，心里面就越想得到它。所以，第二天，他会来得更早。这样，正好是撞到了经营者的“枪口”上了。

弱者打败强者，绝不会是用蛮力达到的，而都是用巧劲儿、用出其不意的妙招来办到的。

要让人觉得你金贵，这样才能提升自己的价值。让人觉得快要失去你了，才能倍加珍惜你。

六、短缺效应=立刻行动

在一位著名心理学家的作品中提道，有一个仅由七味不同的心理“药引”配成的“方子”。用了这个“方子”，以后不管什么时候，也不管遇到什么人，你都可以激励、说服他们采取行动。那么，这个方子都是由什么来构成的呢？

1. 缩小选择范围，这样可以避免过分的深思熟虑。

2. 设定行动的最后期限。

3. 执行“惯性定律”，先让对方答应一个较小的请求。

4. 用你的一言一行，执行“期望”原则。

5. 为增加“惯性定律”的绩效，你得把“差事”简化为方便易行的步骤，这样对方才会按你期望的正确方向“开动”。

6. 提供小的额外利益，以促使对方采取立即的行动。

7. “价格”与“可得性”是决定任何事物（包括任何人）价值的最主要的心理因素。

从以上1、2、6、7点中不难看出，这个方子主要应用的便是短缺原理。如何应用短缺原理来影响别人，说服别人，从而使别人立刻行动呢？下面我们按照1、2、6、7这四条来逐一分析。

1. 缩小选择范围，这样可以避免过分的深思熟虑。选择余地小一些，意味着对方可以快点儿做决定，并且事后也不大会反复思考自己是否做了正确的决定。

有家著名的家具连锁店，他们就坚持在顾客订货七十二小时之后，才把家具送到总公司。为什么要这么干呢？因为他们发现，超过百分之六十的顾客，在大采购过后的三天以内，都会回到家俱店，要求更换家具的颜色啦，布料啦，或者是家具上面的图案。太多的选择只会让人眼花缭乱、无所适从；就算他们做了决定，他们心里也还是会七上八下地琢磨：“嗨，我刚刚选对了吗？”所以，除非商品的零售竞争力必须仰仗其选择余地的大小，否则别提供超过三种的选择余地。两种是最理想的！是的，没得挑，也许会让人觉得自己的自由受到了限制，他们或许会缩手缩脚。但只要有得挑，哪怕只有一种选择的机会，都会让他们有一种被授权、被许可的感觉。让他们相信，一切尽在他们的掌握中。这已经足够！

所以，你要做的第一件事是：在所有选择摆在顾客面前之前，缩小其选择的范围。老常识建议我们多给对方选择的余地，因为若是多给他们选择余地，他们就一定能找到自己最喜欢的；而一旦找到了自己最喜欢的，他们就一定会采取行动的。然而，实际却恰恰相反！如果你让对方有无数的选择机会，他们反倒一个也挑不上了。因为没人喜欢回味那种“自己犯错”的感觉。我们可不喜欢事后再琢磨自己当初有没有选错！选择余地小一些，意味着可以快点儿做决定，并且选好后也不大会思前想后的，一个劲儿在那儿穷琢磨：“哎呀，自己的决定是不是对呢？”

2. 终止日期限制了人们的自由。获得某件事物的机会很少，并且该机会正越来越少，这勾起了人们对该事物更加热切的期望。

设定最后期限，可以点中对方三处心理“死穴”，激励他们采取行动：

（1）一项任务的命运如何？是被展开来认真地做？还是被缩水敷衍了事？这要看你为这项任务设定的工作期限是多少了。正是“有效日期”“最后期限”这些时间上的限制，推动了这个世界的运行。因为要是没必要立即行动的话，大部分人都会赖着不动。我们总是磨磨蹭蹭：等条件变得更成熟些，等手头的资料更翔实些，等我们自己的心情更好些……等到所有这些都齐备了，我们才会采取行动。这就是人类的本性。所以给对方一个清楚明确的最后期限；并且让他知道：他“现在”就必须采取行动，因为再晚他可能就没机会了。这一点非常重要！

（2）最后期限还点中了另一处心理“死穴”：即我们不喜欢自己的自由受到限制。无论什么时候，只要有人告诉我们，我们不能拥有某个东西（或不能做某件事）了，结果我们得到这个东西（或做这件事）的愿望反而更强烈。所以，让对方知道：他今后可能再也没机会采取行动了。这样做会让他获得更大的继续前进的动力，从而立即采取行动！有一家很有名的零售店，他们的做法却不够诚实。他们在那些想清仓的商品项目栏贴上“已售”的标签。为什么这么做呢？当然有原因！当我们看到贴有“已售”标签的商品时，便会受潜意识的驱使，更想得到该件商品。于是当我们再发现“碰巧和‘已售’很像”的商品时，便会立刻把握机会，掏钱买下。

（3）无数的研究结果也表明了这一点：越是少的东西，越是让人们觉着贵重。生活中你一定遇到过这样的情况：当某个东西最新潮、最热门的时候，人人趋之若鹜，这个东西就会变得愈发地诱人。为什么呢？机会的大门并不永远敞开：这个东西正越来越少。正是这样的原因，才使得我们对这个东西产生了更加热切的渴望啊！我们为稀有的东西标价。钻石、黄金、石油……这些虽非幸福生活的必需品，却被赋予了极高的价值。为什么呢？仅仅因为我们知道“它们的产量很少”。您瞧！白金比黄金贵，黄金比白银贵，银比铜贵。为什么呢？我们能得到多少，这才是确定它们价值的关键啊！

3. 提供小的额外利益，以促使对方采取立即的行动。提供额外利益，将为你赢来更多的合作机会。

“且慢……，还有……”，类似这样的句子，你已耳熟能详。因为在广告结束，或者是夜间的电视购物节目中，你已不晓得听到过多少回！不管是电视、电话销售，还是面对面销售，这个“附加的零头”，都是刺激消费行为的一种高效工具。所以，放手去用！据估计，商业节目中使用“附加的零头”技巧之后，回馈率提高了35%。你看，“添头”为行动者提供了额外的利益，可以刺激消费；并且，“额外利益是什么”对消费行为来说是无关紧要的。对商家来说，后者似乎更具诱惑力！所以当你运用本节前面提到的那些策略，请人帮忙时，不妨使用“附加的零头”技巧：不管什么好处，哪怕微不足道也没关系，为对方提供一个额外的好处，给点儿小刺激，让他立即采取行动。如：“我们会有冰激凌吃！”“我会把车借给你用的。”“活干完我请你吃晚饭？”等等。相信这个心理工具所起的作用，会让你大吃一惊！

有这样个例子：

美国的服装商德鲁比克兄弟二人开了一家服装店。他们的服务十分热情。每天，哥哥都站在服装店的门口，向行人推销。但是，这兄弟二人都有些“聋”，经常听错话。

经常是，两兄弟中的一个，热情地把顾客拉到店中，反复介绍某件衣服是如何的物美价廉，穿上后又是如何的得体和漂亮。

经过这样劝说一番之后，顾客总会无可奈何地说：“这衣服多少钱？”“耳聋”的大德鲁比克先生把手放在耳朵上问道：“你说什么？”顾客又高声问一遍：“这衣服多少钱？”“噢，你问多少钱呀，等我问一下老板。十分抱歉，我的耳朵不好。”他转过身去向那边的弟弟大声喊道：“喂，这套全毛的衣服卖多少钱？”

小德鲁比克站起身来，看了顾客一眼，又看了看服装，然后说：“那套嘛，72美元。”“多少？”“72美元。”老板高喊道。他回过身来，微笑着向顾客说：“先生，42美元一套。”顾客一听，随即赶紧掏钱买下了这套便宜的衣服，溜之大吉。

其实，德鲁比克兄弟两人的耳朵一点儿也不聋，而是借“聋”给想占小便宜的人造成一种错觉来促销。事实上，这两兄弟采用此种方法经营得非常成功，赚了不少钱，供着他们的三个孩子上大学。

在日本富士山下，有座亚洲大饭店。这座饭店曾经推出了一项傻乎乎的经营方案：“凡是投宿本店的旅客，如果在白天连续一小时看不到富士山顶，那么本店将免收当天的住宿费。”

在日本，雾天、雨天、雪天经常有，一旦碰上这样的天气，连续一小时看不到远处的东西是很平常的事。因此一些人开始为饭店担心起来，也有一些人对饭店予以嘲笑。

当这项旨在招徕顾客的策略实施后，前来投宿的旅客一天比一天多。有意多住几天去碰碰运气者不乏其人。一段时间过去了，这座饭店不但没有亏损，反而以此为转机，更加兴旺起来。

为什么会这样呢？原来富士山地区气候凉爽，不同于其他地区。饭店老板根据这一特点，抓住旅客侥幸、好奇的心理，推出了这一招，因此发了大财。

4. “价格”与“可得性”，是决定任何事物（包括任何人）价值的最主要的心理因素。运用这两大因素，可以戏剧化地增加或降低某事物（包括任何人）在我们心目中的价值与价格。

彭尼是美国一家零售商店的老板，由于各种原因，商店的生意很不景气，以致仓库里堆满了积压的货品，成了老鼠栖身的场所。彭尼不得不经常去仓库灭鼠。

彭尼是个有心人。一天，他突发奇想：为何不去利用老鼠来推销产品呢？很快，彭尼将想法付诸实施。彭尼找来一块胶合板，在上面凿了50个洞，洞边分别编上10%、20%、30%、40%的号码。胶合板旁边放了一些瓶子，瓶子里装着彭尼从仓库里捕捉的活老鼠。当彭尼把这些放在柜台上时，吸引了很多顾客来看热闹。彭尼对围观的顾客说，他把瓶子里的老鼠放出来，老鼠钻进哪个洞，便按洞边标明的折扣出售商品。

围观的顾客感到非常有趣，便纷纷要求购货。彭尼便一次次放出老鼠。这些放出的老鼠很快钻进凿好的洞里。

彭尼的做法是不是有点儿傻呢？因为他所卖商品的标价

并不高，如果按照30%、40%进行折扣的话，肯定会亏本的。其实不用担心，因为这些老鼠钻进去的洞都是标明降价10%或20%的洞，那些标着30%或40%的洞老鼠根本不进。没过多久，彭尼的库存货物便销售一空。

这是什么原因呢？原来，彭尼在灭鼠中发现了一个规律，就是老鼠喜欢群居，不喜欢独居。彭尼利用这种并非人所共知的老鼠特性，在需要它们钻进的洞里涂上一些老鼠的粪便，于是老鼠就自然而然地往里钻了。

在商品销售中，用相反的表现形式来掩盖自己的聪明才智和高超技艺，从而达到凡人莫及的成功或效应，这是高水平的销售手段。大智若愚的前提是“大智”。谋于前，工于计，隐于心，不显山露水。大智若愚的表现形式是“愚”。或痴或癫，或呆或傻，或聋或哑，其作用是麻痹、诱惑、利用对方，促使事物沿着谋划好的目标转化。如“写错”是装傻，“听错”是装聋。如果你的外表够“傻”，“写错”“做错”，一路“糊涂”到底，可以获得奇效；如果你的年纪够大，“听错”、装糊涂也能大有收获。

以上的事例有一个共同点，便是他们的经营招数从表面上看是傻得可爱，可实际上却非常地精明独到。这种影响他人的方法为“扮傻术”，实属一种上乘的功夫。

社会认同原理

社会认同原理认为：个体对群体的认同是群体行为的基础。

这样一来，你就可以理解为什么情景喜剧很搞笑，为什么百事可乐可以名扬四海……这就是社会认同的魅力所在！

一、破析社会认同

社会认同原理认为：个体对群体的认同是群体行为的基础。我们进行是非判断的标准之一就是参照其他人，看别人是怎么想的，尤其是当我们决定要做一件事情和判断什么事情是正确的时候，这是社会认同原理在发挥作用。产生社会认同的因素有以下几点：

1. 当我们缺乏信心时；

2. 当形式显得不是很明朗时；

3. 当不确定性占据主导时。

上面的三点发生的时候，我们最有可能以别人的行为作为自己行动的参照。

美国新闻评论家兼作家沃尔特·李普曼说过：“大家都以相同的方式去思考时，没有谁会想得太认真。”沃尔特·李普曼的意思就是在说，社会共识之所以存在，并不是因为大家很深刻地了解某些东西，恰恰相反，是因为人性当中的某些习惯在起着作用。这种习惯可以说是约定俗成或者是懒惰。很多人，除了在自己工作的领域有所建树，其他方面，靠的更多的是感性和自觉。因为有参照和建议的方案，所以更加乐意听从专家的建议和广告的宣传。人们在社会认同原理的作用下，更多的是去修改和完善已经成型的一件事，而不是追其根本去认真思考问题的本质。

这样的做法是一种习惯性认同。

中国爱兴起各种热潮。记得从前身边出现过养君子兰热、炒房热，后来是炒股热、出国热。这热潮简单点儿形容就是从众心理，说深奥点儿就是社会认同原理在作怪。

习惯性认同包括三个条件：自觉思考；缺少专业知识；场景中的信息不对称。

从社会认同原理来分析，这是多元无知效应。

比如一个路人倒在地上，他是心脏病发作了，还是醉倒了？如果在乡村里，人们多会停下来询问。但在喧嚣嘈杂的都市，当人们碰到这种不确定的情况时，自然会先看周围其他人的反应，以断定这个事情是不是很紧急。但人们常忘记，我们在不动声色地观察别人的反应，而别人也在观察着我们的反应。在相互观望中，紧急的事件往往被解释成非紧急事件，结果大家都没有采取行动。此外，还有另一个较明了的原因，那就是当周围有多人在场时，每个人的责任感都下降。大家会想："也许其他人会帮忙的，也许有人已经这样做了。"

专家们做了个实验，让一名大学生假装癫痫病发作。当只有一个人在场时，他得到帮助的概率为85%，而当有五个人在场时，他得到帮助的概率只有31%。显然正是有其他旁观者在场，才使得人们为求救者提供帮助的责任心降低。

人们选择习惯性认同，即使是怀疑其观点，但大多心理负担也会少很多：既然大家都可以犯的错误，那就不算什么错误。

社会认同影响着每个人，而且被影响的人恐怕连自己都没有认识到这一点。看过《东北一家人》的朋友都知道，在里面都加了录制好的笑声，不少地方确实很好笑，再加上录音，自己就更觉得故事确实好笑。看到后来的部分，哪怕故事本身不好笑，你听了录制的笑声，也会觉得——“嗯！这里确实好笑！”这就是社会认同的影响力，哪怕你明明知道录音是假的。听到了这种声音，就产生了笑的反射。好多制作人都深谙此道，所以就会经常看到许多蹩脚的笑话，会加上人造的笑声。

社会认同通过其特有的传播方式在社会中起到了很重要的作用。它可以轻而易举地制造出影响并且说服他人。所以，如果能掌握并应用好这一原理，对一个人的为人处世，一定能起到很大的帮助作用。得到了社会认同，在某种程度上来说，已经达到了影响别人、说服别人的效果。

下面是能够得到社会认同的十点建议。当你对这些要领有所体会，并且能有意识地运用到你的交际活动中去时，你的生活将呈现出一派新面貌。

1. 热情对待别人，积极寻找合适的话题；

2. 谈话不要平铺直叙；

3. 常用肯定语气；

4. 以开放的心态对待各种信息；

5. 以“不懂或不知道”来满足对方的优越感；

6. 要掌握语言的环境；

7. 学会听从别人的讲话；

8. 善于控制自己的情绪；

9. 拒绝他人的时候要坦诚一些；

10. 朋友责备是好事。

人与人之间的准确评价时常是谈话的主要内容。评价他人是一个方面，从他人那里了解到对自我的评价则更是极为重要的。所以要有意制造一种宽松的谈话气氛，让朋友、同事畅所欲言、直言不讳。

二、社会认同的基础——培养你自己

要知道，在人际关系中最重要的角色是你自己。所以，要想培养更好的人际关系网，取得大家的认同，第一步就是要培养自己。

1. 人际关系需要主动争取。

一个人要想做成功一件事情，首先必须做好两点。第一点就是要有一个想法，一个非常有创意的想法。第二点就是要马上行动。行动才会有结果。同样，要想拥有良好的人际关系，自己一定要主动出击，因为人际关系是主动争取的，而不是被动拥有的。

美国曾有一个名叫尼尔森的年轻女孩。她为十二个义工团体服务。同时尼尔森还是美国西方公司及卡赖公司第一银行系统等企业的执行董事。尼尔森一长串的获奖证书上写满了“服务”“领导力”“关怀”“社区”等褒扬的字眼。她曾经获得瑞典国王赠予她的相当于骑士身份的称号。她还从芬兰总统手中接过类似的奖项。尼尔森是一位真正宽大为怀、不倦不悔、肯付出的志愿工作者。她让人们难以望其项背。但同时尼尔森为人的热心、机智也是让每一个人无法拒绝的。尼尔森喜欢做志愿工作，而且还喜欢和其他志愿者在一起，因为志愿者们天天精力充沛。她的所作所为为社区、为人们带来了许多益处。

在现实社会中，有许多事情之间通常都是存在着连带关系的。尼尔森因为从事志愿工作活动而出名，也因此认识了许多政界的名人，并且在很多公众场合受到了表扬。这就是所谓任何一份无私的奉献都会有双倍的回报。因为尼尔森的人际关系以及良好的社会形象，美国明尼苏达州邀请她出面争取足球“超级杯”的主办权。而此时的尼尔森对美式足球的了解几乎为零。但是尼尔森却知道一些有关热诚、促销以及如何包装等方面的事务。在尼尔森的人际关系网中有各种各样的人物，从普通的警察到政府的高级官员，到音乐家，再到画家、面包师、银行家，甚至还有冰雕建造师。这项工作正好需要以上所有人的共同参与。而为了能顺利争取到“超级杯”的主办权，那就得让每一个基本组织各司其职。同时还必须说服球队大老板前往明尼苏达州观看比赛，这些都是十分重要的。

大多数人或许会从游说“全国足球联盟”的理事长保罗开始着手。但是，尼尔森这个年轻女孩却凭着直觉，认为那不是全国足球联盟的事。尼尔森认为关键人物是费城“老鹰队”的老板诺曼·布拉曼，因为诺曼·布拉曼是当时“超级杯”场地选择委员会主席。

尼尔森马上去找诺曼·布拉曼，而诺曼·布拉曼以前也正好认识尼尔森，于是布拉曼投了赞成票。尼尔森利用布拉曼是第一支持者这个有力的证明，又成功地说服了其他27个球队的老板。

当表决的时间来临时，事情已成定局，明尼苏达州终于首次获得“超级杯”主办权。

需要注意的是，除了有良好的人际网络外，了解运作过程也是非常重要的，否则你还是无法成功地做任何事。

良好的人际关系是主动出击的结果，没有谁愿意主动来找你，除非你有什么特别的地方，那就是你拥有别人需要的特质。

2. 建立自信。

和他人交往，信心是很重要的一项。如果一个人没有自信，他和人说话时就会脸红心跳，甚至语无伦次。特别是在一些大众社交场合，没有自信的人会都感到不自在，唯恐交谈和应酬。很显然，如果不克服羞怯这个心理障碍，正常交际活动就无法进行，这样就会直接影响到人际关系。

羞怯的心理是因为在现实生活中不能克服自卑感。这种自卑感主要来自：没有参加过什么社交集会，文化水平不如别人，经验不足，幼儿时期受到了不良的影响，或者是家庭地位较低，相貌、体态缺欠等。

因为自卑的原因，有的人总是感觉别人看不起自己，实际上，无论是在哪种社交场合，人和人在人格上都是平等的，谁都没有必要感觉到自己不如别人，不要自以为低人三分。这都是自己低估自己的缘故。如果真的有人轻视你，那可能是因为你游离在正常的交往圈子之外，别人无法对你做出正确的判断。这样就会造成疏远、冷漠等，还会强化你的孤独感，从而使你显得更加的不合群。要改变这个情况，最好的办法就是抛弃自卑感，大胆率直地进入到各种社交的圈子里去。在互相交往的过程中，双方都会暴露出自己的缺点，也可以显露自己的才华，从而逐渐地学会正确评价别人和自己，提高自己的自信心。克服羞怯的心理，最有效的办法是忘掉自我。害羞的人都很注意自我，他们经常这样问自己：我这样说话好不好？我的衣着打扮是不是得体？满脑子都在想这样的事情，结果是越想越紧张，越紧张则越拘谨。如果不及时地摆脱这种窘境，就会导致交往的失败。如果你是在一种充满自信的情况下，那就可能变得坦然自若、镇定沉着了。所以，在精神上忘我和放松一旦形成，正常交往的条件和气氛也就会出现了。

三、社会关系=社会认同

（一）社会关系是一种无形的力量

生活在21世纪，不管你是英国女王的公子，还是看破红尘的隐士，都不能逃脱社会关系的影响力。想要得到社会的认同，关系的重要性有目共睹。在这里，一个人的社会关系是和其得到的社会认同画等号的。

假如我们把人际关系比作大脑的神经网络，那么其中的每个人就是一个神经元。突起越多，与周边的联系就越多，也就比别人更加灵敏，得到了社会的认同，从而更加易于说服他人，走向成功。

好的领导者习惯于架构关系。他们知道关系是个人成长、企业成事的重要条件与资源。关系构架起人与人、群体与群体、企业与客户、企业与企业之间的互动。为了企业的发展，任何一个领导者都少不了“关系管理”。西方国家的企业管理者常常邀请其他企业的管理者加入自己的董事会。这样做不仅仅是拓宽了眼界，而且得到了意想不到的助力。

同样，要想在工作中更上一层楼，关系也是必修的一门课。十分的工作里面，有九分是做人，一分是做事情。认为在专业领域不需要关系的观点是错误的。就拿唱片业为例，最专业的要数制作人和词曲创作。除非你很知名，否则不可能会有人自动求上门。不善交际的你，难道真的奢望酒香不怕巷子深吗？越是专业的人往往越内向。所以，他们需要找专门人士帮忙推销自己，比如说经纪人。否则，即使关门在家写了一百首好歌，也不会有人听到的，只能是白费工夫而已。一个人事业成功的70%来自于与别人相处，30%来自于自己的心灵。

曾经担任美国总统的罗斯福说：“成功的第一要素是懂得如何搞好人际关系。”事实的确如此。在美国曾有人向2000多位雇主做过这样一个问卷调查：“请查阅贵公司最近解雇的三名员工的资料，然后回答：解雇的理由是什么？”结果无论是什么地区、何种行业的雇主，三分之二的答复都是：因为他们和同事搞不好关系。

很多成功的商人都深深地意识到了关系资源对其事业成功的重要性。曾任美国某大铁路公司总裁的A·H·史密斯说：“铁路的95%是人，5%是铁。”美国成功学大师卡耐基经过长期研究得出结论说：“专业知识在一个人成功中的作用只占

30%，而其余的70%则取决于人际关系。”所以说，无论你从事何种职业，处理好了人际关系就等于在成功的路上走了70%的路程，在个人幸福的路上走了99%的路程。也难怪美国石油大王约翰·D.洛克菲勒这样说：“我愿意付出比得到任何其他本领更大的代价来获取与人相处的本领。”

因此，要成功就一定要营造一个有利于成功的人际关系，其中包括家庭关系和工作关系。中国有句古话“家和万事兴”。你与配偶的关系决定了与子女的关系，而家庭关系给我们与别人的关系定下一样的模式。同样，与同事、上司及雇员的关系是我们事业成败的重要原因。一个没有良好人际关系的人，即使他再有知识，再有技能，也很难得到施展的空间。美国商界做的领导能力调查显示：管理人员的时间平均有四分之三花在处理人际关系上；大部分公司的最大开支用在人力资源上；管理层所定计划能否执行与执行的成败，其关键在于人。

由此可见，任何公司最大、最重要又最不可忽视的财富是“人”。能否协调好公司各方面的人际关系对公司的兴衰成败至关重要。有的公司不善于处理人际关系，结果导致上下级互相不支持，同级之间不协调，与下级关系不正常，干群关系不和谐，职工之间不团结等，直接制约着管理的有效性，尤其影响到公司的发展。因此，处理好人际关系，创造一个和谐无间、心齐劲足的环境，充分调动人的积极性和创造性是任何管理者都无法回避的问题。

关系资源是一种无形的资产，虽然它不是直接的财富，可是它可以使你影响并说服他人，从而聚敛财富。举个例子来说，即使你拥有很扎实的专业知识，而且是个彬彬有礼的君子，还具有雄辩的口才，你却不一定能够成功地促成一次商谈。这个时候，如果有一位关键人物协助你，为你开开金口，相信你的出击一定会完美无缺而百发百中。在这里，关系是一种无形的力量！

（二）人熟好办事

大量事实证明，机遇与交际能力和交际活动范围成正比。因此，我们应把开展交际与捕捉机遇联系起来，充分发挥自己的交际能力，不断扩大交际。只有这样，才会发现和抓住难得的发展机遇。

人们常说“人熟好办事”。这句话讲的就是社会认同给人造成的影响。对于初涉商海的人来说，积累一定的社会关系显得尤为重要。这种关系要具备两个条件：有能力帮你和愿意帮你。一个能帮你创业的人很不容易找。它需要一定的策略并且要有备而行。可以说关系要靠一定的眼光和投资才可以获得。

马明宇在一家报社广告部工作时常接触到吉利、奇瑞、一汽这样的大客户。马明宇给他们搞创意或争取版面时很卖力，这些客户很满意，因而彼此间关系十分融洽。后来，马明宇出来单干时自然想到了这些过去的伙伴。奇瑞汽车恰好在该市还没有专卖店。马明宇就跟奇瑞汽车该地销售部的负责人谈起此事，当然人家很给他面子。在众多竞争对手条件都差不多的情况下把独家销售权给了马明宇。

现代社会中，拥有良好的社会关系就等于拥有比别人多的机会。因此在创业之前或创业过程中都要有意识地积累各行各业的朋友。发掘机会打造良好关系的基本方法与原则如下：

1. 不轻易树敌。

素昧平生或者关系浅淡的人并没有义务在你需要的时候帮助你。假如有求于对方，就要用婉转的易于接受的方式提出。首先寒暄，聊大家都关心的事情，最后在不经意间表达你的请求。无论谁，即使地位再高，也会在交往的过程中把对方视作朋友，如此做事才可能会顺利。此外，还要有“见什么人说什么话”的本事，不能永远都用同一种方式说话。应对不同的人，要有不同的方式。否则，稍不注意，就很容易得罪人。有了这样的意识，当你遇到他人就会自动将他们分类，形成自己的一套待人处事逻辑。我们可能会遇到来自各地具有不同背景的人，环境变化也很快，因此，我们要有很强的应变能力。

在交往过程中碰到各种类型的人，其中有你喜欢的，也有你不喜欢的。关键是，如何同你不喜欢的人建立良好的人际关系。首先尽量找出他们身上的优点，并用包容的心态对待他们的缺点。如果能做到这些，或许就能与你不喜欢的人结为朋友。但也有可能你无论如何也找不出他们的优点，或根本无法包容他们的缺点。对待这种实在无法与他们交往的人，你就要做到喜怒不形于色，做到不当面指责或指出他们的毛病，避免和他们争吵及发生任何的正面冲突。这样就不至于使他们成为你的敌人。因为，对方一旦成为你的敌人，他们就会给你带来很多不必要的麻烦。

2. 与社会名流和重要人物建立关系。

社会名流是在社会上有影响的人，与他们建立良好的个人关系无异于为我们的成功插上了翅膀。但这些名流往往都有其固定的交际圈，一般人很难进入到他们的关系网里。我们可以从如下几个方面入手和他们交往：

（1）在与名流交往之前多了解有关名流的资讯，托人引荐，多参加社会公益活动，多出入名流常出入的场所。这样，你就会有机会结交到这些社会名流。

（2）在结交这些社会名流时还要注意给对方留下一个好的印象，切勿纠缠不放，否则会适得其反。

（3）通过一次交往建立良好的关系是很难的。所以，应多制造交往的机会，多次接触才能建立较为牢固的关系。

3. 结交成功者和事业伙伴。

“近朱者赤，近墨者黑”讲的就是这个道理。之所以要结交成功人士，就是这些人比我们优秀，我们可以从他们身上学到很多有益的东西。他们的优秀品质时时刻刻都能使我们的缺点暴露出来。他们可以成为我们很好的学习榜样。他们成功的事例能不断地激励我们。如果我们和这些成功者关系非常好的话，这些人还会伸出友谊之手在关键时刻教我们一招或者拉我们一把。总之，和这些人交往有利无弊。相反，和那些失败者交往或者和不如我们的人交往非但学不到任何东西，还有可能让我们走上迷途，陷入失败的境地。与优秀的人和成功者交朋友是储备关系的重要原则。

想成为什么样的人就跟什么样的人在一起。要成功，就要多跟成功人士在一起。通过他们，你可以结识更多这样的人。所谓“物以类聚”，等你身边都是这样的人，关系自然也就拓展开来了。假如想在事业上有所突破，某种程度上就得牺牲一些个人空间，多跟事业伙伴接触，只有这样，才会有更多成功的机会。

4. 礼多人不怪。

掌握礼节也是建立良好朋友关系必须掌握的原则。和有身份的人交往可能很容易就能做到这一点，因为对方的权势、地位、实力足以使你为之敬畏，不由得你不注重礼节。但很多人在交往时却往往容易步入这样一个误区，即熟不拘礼。他们认为和朋友讲礼节、论客套好像会伤害朋友的感情。其实这种认识是非常错误的。他们并没有意识到：朋友关系也是一种人际关系，而任何人际关系之所以能够存续下去就是相互尊重，容不得半点儿的强求。

礼节和客套虽然烦琐，但却是相互尊重的一种重要形式。离开了这种形式，朋友之间的关系也就难以存续。

因为每个人都希望拥有自己的一片天地，而不讲礼节客套就可能侵入到朋友的禁区，干扰到朋友的正常生活。这种情况出现得多了自然会伤害到朋友的感情。从而，再好的关系也会因此而终结。

你的关系网包括你的朋友、亲人，还包括所有可以互相帮助的人。这些人有的是你的同事，有的受过你的恩惠，有的是你倾听过他们的问题，有的是你和他有着相同的爱好。人际关系网不是一朝一夕就能建立起来的，它需要几年甚至十几年的培养。一个人在事业上、生活上的成功其实就如同一个政党的成功，要有许多人散布在适当的地方，你可以依赖他们，他们也可以依赖你。掌握了上面的原则，建立了牢固的关系网，纵然不成功，你离成功也不远了。

每个人的一生都会交许多朋友。他们有的会成为你的至交，有的会持续交往，有的也会中断。交朋友固然不必勉强自己和对方，但也不妨采取更有弹性的做法：不投缘的也不必“拒绝往来”，可以把他们通通纳入你的“朋友档案”。

（三）好风凭借力

在竞争日益激烈的现代社会，人际关系是一个人生存发展的基本条件。只有好好建立自己的人际关系网，取得了社会认同，并且善于利用人际关系网，制造影响力从而说服了他人，才能更好地把事情办好，才能在竞争中立于不败之地。

俗话说：一个篱笆三个桩，一个好汉三个帮。人借助外力，犹如借梯登高。

其实，每个人的身边都有一座金矿，看你是不是能发现它，能不能挖掘它。这个金矿就是人际关系，是待开发的资源。一个人的力量是有限的，单打独斗很难成为行业的常青树。所以，要眼睛向外，面向社会，借力助推，充分挖掘利用身边的人际关系。谁能做到这一点，谁就能胜人一筹，成为最终的胜利者。

中国人历来盛行于“靠关系”。这种“关系”其实就是一种看不见的裙带关系网，类似于我们所说的“梯子”。如果你想充分发挥你的才智，做一些利人又利己的事情，在事业上想有所成就，在某些时候借助这样的“梯子”还是有必要的。一般来说，无论引荐者的名望或地位大小高低，只要对你成功有所帮助，他就是你登上高处的“梯子”。他的威信和影响力就对你有用处。

但一般人除对权威和名望有一种崇拜感外，对熟人同样也有一种可靠、信赖的感觉。因而，他们常常会从推荐者身上来估量被推荐者的能力和人格。而这种透视现象更可以帮助求职者大大提高被录用的几率，继而步步高升。

在复杂多变的社会关系中，在各种社会关系所构成的屏障面前，相互利用是人性的弱点，但它也是人类共同需要的一种心理倾向，而这也正是“借梯登高”之计的实质之所在。如果一个不懂得或不善于利用他人力量的人，光靠自己去闯天下，在现代社会里是很难成就大事的。

因此，要善于利用人际关系网去造就自己、嘉惠别人、成就事业，改变你的人生。用人际关系来借梯登高，让人际关系成为你通向成功的一座畅通无阻的桥梁。社会学家费孝通先生曾说过：中国人基本上就是活在一个人情网络里。事实上，在现实社会中，人际关系本身就是一种资源。如果你拥有丰富的资源却不善于利用，不懂得借梯登高，实在是大为可惜。

纵观古今中外，有多少成功志士在人际关系上栽了跟头，怀才不遇，抑郁而终；又有多少有才之人踏入社会就无所适从，得不到赏识。悲剧的根源就在于他们不知如何利用人际关系来借梯登高，来成就自己。

所以懂得如何利用人际关系来借梯登高，是每一位在社会中拼搏的人应该掌握的一门必不可少的学问。但是在运用的时候还应注意以下原则：

首先是要找“梯”。对于一般人来说，在求职或就业的过程中，应该随时留心周围人的品格、能力及影响力，要用真心去交朋友。为了赢得他人的真诚与帮助，你必须先付出，如物质或诚心。人都是有情的，你天长日久的付出总会有所回报。所以，在平时与人交往相处时，你要以友善、真诚去对待别人。

其次就是借“梯”。朋友能否帮你的忙，很大程度上取决于你平时的表现。这就要求你与人交往时，目光要放远些，不要因利小而不为，也不因利大而为之。如果你和朋友发生了不愉快，你应首先谅解他。“小不忍则乱大谋”，这是千年古训。只要你平时的基础打好了，别人自然对你以真心相待，关键时刻帮助你也是情理之中的事。这样看来，借“梯”的功夫完全包含在你平时的为人处事之中。

第三就是无论做什么事情，单靠个人的力量是不行的。当你有了一些新的想法时，为了说服对方与你合作，就得有意识地把与你观点相同的人拉在身边，让他们作为你的后盾。没有他们，只靠你自己是很难说服对方的。因为在一般人眼里，单枪匹马做事的人多属心血来潮，而有了其他人的支持则大不相同了，对方会认真考虑你的问题。他会想：既然有这么多的人支持你，你的想法肯定有一定道理。当然，你所找的人得是对方信得过的人，无论在知识方面，还是能力方面都得比你强。

借助别人的力量说服对方的方法还有很多，再比如就是借助一些有权力的人，或一些知名度较高的人的力量，像著名的学者、专家等。因为这些著名人物往往有一定的威慑力量。他们的判断能力、鉴别能力是被社会公认的。他们同意的事情一般人相信是正确的，不会产生怀疑。你可以请他们参与你想做的事情。这些都是你借助别人力量成就事业、解决困难的好办法。但需要说的是，有很多人并不是不会施行此计，往往因为难为情而不愿意求人，总觉得这样做有失面子，好像是贬低了自己的办事能力一样。其实，大可不必有此想法，即使是像拿破仑这样的大人物也是需要别人帮他架起成功桥梁的，更何况我们只是一个平平常常的人呢？

人际关系可以带给你全新的知识与经验，人际关系可以帮你成就大事。当你准备起程的时候，有人会帮你系紧鞋带；当你遇到风雨的时候，有人会为你撑开雨伞；当你接近目标的时候，有人会最后推你一把。其实，这些都是你平时的人际关系的积累。运用你的人际关系借力登高才能成就你一生的事业。

四、利用社会认同拓展你的人脉

有些时候，人们往往不知道通过哪些途径来取得社会认同。比如说一个外地人来到一个新的城市，要想在这座城市扩大自己的社交圈，参加各种俱乐部，就不失为一种好方法。

只身一人来金华开拓市场、喜欢运动的小张刚到金华时，没有一个熟人。为了使自己能尽快地融入这座城市，小张加入了一个俱乐部。在这里，小张很快认识了许多不同工作、不同层面的朋友。用小张自己的话说这种社交方式既经济又合算，每次活动只需缴付少量的费用就可以了，而认识的人远比通过其他途径要多得多。

参加各种培训也是扩展人际圈子的好方法，培训不但能学习知识、提高技能，而且还会随着充电热的不断升温，接触到各种各样的人。现在的培训可以说已经派生出许多附加的功能，其中最引人注目的就是成为另类的人际关系的圈子。比如在一些层次较高的培训班中，各行各业的老板、高层管理者就有可能成了自己的同窗好友，这其中蕴藏着巨大的商机。因此，越来越多的人参加培训，开始直奔这个人际关系圈子而去。

承诺和一致原理

本章将陈述这样一个事实：只要你说出一个承诺，一定会对你的行为或他人产生重要的影响。

华盛顿说："一定要信守诺言，不要去做力所不及的事情。"人们为什么常说当今是一个信息社会，也是一个信誉的社会呢?

一、承诺和一致的真谛

承诺和一致原理认为：一旦我们做出了某个决定，或选择了某种立场，就会面对来自个人和外部的压力迫使我们的言行与它保持一致。我们会采取某种行为以证明我们之前所做的决策。

如果让孩子将自己承诺要做的事情写下来，那么他做到的可能性比他不写下来要大很多。企业组织行为中可以有效地应用一致性的技巧。

保持一致是一种难以控制的反应，它给我们提供了一种逃避冥思苦想的方法，好让我们能够应对那些严重挑战我们智力和能力的复杂的日常环境。

人们担心一样东西可能失去通常发生在人们认可这样东西以后，是一致性配合短缺压力导致的行为。比如，在市场营销中真正高级的营销策略并不是针对眼前展开的，而是一个布局的过程，利用各种惯性的心理原理来赢得消费者不知不觉中的认同和采购。

如果我能让你做出承诺，我就为你下一步机械地、无意识地保持一致的行为准备好了舞台。

循序渐进从另一方面上可以理解为要及时禁止敌人伸过来的一条腿，否则他的半个身体就挤过来了。

即使对一些看起来微不足道的请求，我们也要保持警惕。答应这种小小的请求，不仅会使我们更容易答应相似的、更大的请求，也会使我们更愿意答应那些更大的、与之前小的请求无关的请求。

利用一个小小的承诺来操纵一个人的自我形象。一旦你把一个人的自我形象变成了你想要的样子，他一定会答应你所有的请求，只要这些请求与他的新形象相一致。

很多公司都会模仿陈安之的梦想板，但对这背后的原理却不一定懂。

例如，人们写征文的过程中自己会不知不觉地偏好了这个品牌，从而形成了不用思考就采购的行动。成千上万的人都用书面的形式为一种商品做了见证，他们不知不觉地相信了自己所写的东西。

这似乎也是女生不断地问男生是否爱她的一个本能意识。在不断地核实中让男生自己也坚定了自己的爱情。

履行一个承诺要付出的努力越多，这个承诺对许诺者的影响就越大。比如，强化进入公司的过程的难度，从而使新员工一旦进入公司，忠诚度就相对较高。虽然听起来有点儿荒谬，但这种行为却能让未来的成员觉得这个团队更有价值，更有吸引力。只要人们仍然珍惜并且相信他们努力奋斗得来的东西，这些团体会继续采用这种既费力又麻烦的入职仪式。

当我们在没有外界压力的情况下做出选择时，便会发自内心地要对这个选择负责。而承诺给出一份大奖，正是一种来自外界的压力。它虽然能够让我们采取某种行为，却不能让我们从内心深处为这个行为负责。

这个理由要能够让孩子们既能按照父母的要求去做，又能够让他们对自己的行为负责。因此，它包含的可察觉的外部压力越少，它的效果也越好。这个理由很可能是从短暂顺从到长期承诺的分界线。

个人承诺有能力建立起它自己的支持系统，而这套系统会为这个承诺提供一套新的理论依据。因此，即使挪走了最初支持这个承诺的那一支柱，这个承诺也不会坍塌。他们从来没有意识到，如果没有最初的那个承诺，那些额外的理由可能永远都不会出现。

二、承诺的力量

当我们为某事“夸下海口”时，多少都会为该事做出努力，甚至是最大的努力。因为说出来了，就有压力，就是动力，有个言行一致的信誉问题。这就是心理作用，这就是暗示。

我们要想在某些事情上说服和影响别人，可以充分利用这种心理作用。

一个人的诚实与信誉是他的影响力的重要元素，而能否兑现他许下的诺言是一个人是否讲信用的主要标志。许诺是非常严肃的事情，对不应办的事情或办不到的事情千万不能轻率应允。一旦许诺，就要千方百计地去兑现。否则，就像老子所说：“轻诺必寡信，多易必多难。”

华盛顿曾说：“一定要信守诺言，不要去做力所不及的事情。”这位先贤告诫他人，因承担一些力所不及的工作或为哗众取宠而轻诺别人，结果却不能履约，是很容易失去别人对你的信任的。

不少有识之士都断定：在当今“信息网络”走俏的世纪，也将是“信誉”当家的世纪。一个人要想从崇尚人类文明进化的高度上“学会做人”，就不能无视获得良好为人信誉的重要一环——适度承诺与切实应诺的人生艺术。这是人人需要的一门艺术，这是当今一切力图活出大的出息、能够施展大的本领的人们，尤其不可缺少的一门艺术。

从通常意义来说，适度地承诺，具有很丰富的和很具个性的内涵。它因人而异，因情势而异，故难以对它做整齐划一的界说。在通常情况下，即使是年轻人，在决定承诺之前也要防止感情冲动，以保持冷静的头脑，注意承诺的适度。

不伤害人生的总体战略和终极目标，把握承诺适度的总原则，这自然不排斥那些为了迂回地逼近人生目标而做出的某些具有“战术”意味的承诺。一般说来，决不要为自己“制造”力不从心的、盲目地承诺，是把握适度承诺的前提。因为信守承诺，只有在量力而行的情况下，才有望圆满地兑现。注意在承诺时讲明在特定情况下可能导致的理解深度和适应弹性，也并不降低承诺的严肃性。承诺时留有余地，是人生艺术的难点之一，也是处理人际关系走向成熟的一种鲜明标志。这就要求人们做到“恰如其分”地承诺——使对方满意，使自己主动。

一个人是否能信守承诺，往往鲜明地反映和预示着他的为人风范、精神品位和生活艺术的优劣，以及未来的人生走向。在信息网络社会，“有限合作”“项目合作”“局部合作”“短期合作”以及“即兴合作”的方式将快速增长，并将成为人们智慧生存方式的主流。在这种情势下，在承诺和应诺方面，就与往昔那种与长期合作伙伴的情况不同，就容不得一点儿粗疏。应诺的信誉，往往就是下一次合作或招徕更多合作伙伴的首要前提。

在市场经济、知识经济体制下，几乎可以说，信守承诺也是决定一个人生存成败、经营优劣的命脉。“信息网络”时代，一个人信誉斐然抑或恶劣，皆可以在瞬间传遍世界，从而成为人们能否体面生存的硬指标。

三、用承诺和一致引导他人自我说服

世界潜能大师安东尼·罗宾说过："成功者与不成功者主要的差别是什么呢？一言蔽之，那就是成功者善于提出好的问题，从而得到好的答案。"

问题能引导对方的注意力，注意力等于事实。

一个成功的优秀推销员从不告诉别人什么事情，而是问别人什么事情。销售业中有一句销售圣言："能用问的，绝不用说。"多问少说永远是销售的黄金法则。但一定要问对的问题，问一个有利有效的问题，问能够引导顾客思考方式的问题，问一个对方能给出暗示性的承诺的问题。同时，在你问客户问题之前，一定要明确你问的问题，对方是否能一一回答。只有将上面问题都考虑齐全了，才能引导别人成功地自我说服。

在大多数情况下，提问都要比讲述有效得多。但要提有分量的问题并非容易。简而言之，提问时掌握了以下两个要点后，才能更有效地把对方说服：

1. 提出引导式问题。比如，在销售活动中，让对方对你为他们推荐的产品和服务产生信任。还是那句话，由你告诉他们，他们会怀疑；让他们自己说出来，就是真理，就是一个承诺。也就是让他们进行自我说服。

2. 提出探索式问题。比如，在销售活动中，注意发现顾客的购买意图，以及怎样让他们从购买的产品中得到他们需要的利益，从而就能针对顾客的需要，为他们提供恰当的服务，使交易在轻松中就能完成。

四、从简单的要求开始，逐渐赢得对方的承诺

在说服他人的过程中，在交涉的开始阶段先给对方较好的条件，从而取得对方的承诺，然后再改变自己的条件。对方一旦做出了承诺，就会因为承诺而产生出一定的义务，即使条件变得稍微不利一些，也会有难以拒绝的心理。

第一步，就是做一个好的听者。曾经有一位很优秀的管理者这么说："假如客户很会说话，那么我已有希望成功地说服对方。因对方已讲了七成话，而我们只要说三成话就够了。"

事实上，很多人为了要说服对方，就精神十足地拼命说，说完了七成，只留下三成让客户"反驳"。这样怎能顺利圆满地说服对方？所以，应尽量将原来说话的角色改变成听话的角色，去了解对方的想法、意见，以及其想法的来源或凭据，这才是最重要的。

第二步，不要急于否决对方。例如，当你感觉到对方仍坚持他原来的想法，其原因是尚有可取之处，所以他反对你的新提议。此时最好的办法，就是先接受他的想法，甚至先站在对方的立场发言。"我也觉得过去的做法还是有可取之处，确实令人难以舍弃。"先接受对方的立场，说出对方想讲的话。为什么要这样做呢？因为当一个人的想法被别人一无是处地否决时，极可能为了维持尊严或咽不下这口气，反而变得更倔强地坚持己见，排斥反对者的新建议。若是说服别人其结果是这样，成功的希望就不大了。

某家用电器公司的推销员挨家挨户推销洗衣机。当他到一户人家里，看见这户人家的太太正在用洗衣机洗衣服，就忙

说："哎呀！这台洗衣机太旧了，用旧洗衣机是很费时间的。太太，该换新的啦！"结果，不等推销员说完，这位太太马上产生反感，驳斥道："你在说什么啊！这台洗衣机很耐用的，到现在都没有故障，新的也不见得好到哪儿去，我才不换新的呢！"

过了几天，又有一名推销员来拜访。他说："这是令人怀念的旧洗衣机，因为很耐用，所以对太太有很大的帮助。"

这位推销员先站在太太的立场上说出她心里想说的话，使得这位太太非常高兴。于是，她说："是啊！这倒是真的。我家这台洗衣机确实已经用了很久，是太旧了点儿。我倒想换台新的洗衣机！"于是，推销员马上拿出洗衣机的宣传小册子，提供给她做参考。

这种推销说服技巧，确实大有帮助，因为这位太太已被动摇而产生购买新洗衣机的决心。至于推销员是否能说服成功，无疑是可以肯定的，只不过是时间长短的问题了。

我们研究被说服者之所以忧虑，发现主要是怕"同意"之后，会发生意想不到的后果。如果你能洞察他们的心理症结，并加以解决，他们还有不答应的理由吗？

至于令对方感到不安或忧虑的一些问题，要事先想好解决之道，以及说明的方法。一旦对方提出问题时，可以马上说明。如果你的准备不够充分，讲话模棱两可，反而会令人感到不安。所以，你应事先预想一个引起对方可能考虑的问题。此外，还应准备充分的资料，给对方提供方便，这是相当重要的。

第三步，让对方充分了解说服的内容。如果你用强硬的手段让他人接受你的思想，那是令人屈服，而不是使人信服。至于他为什么不能信服，那是因为他不了解的缘故。所以要使说服顺利进行，关键在于使他人了解你的理论。

或许，在说服别人时偶尔会出现一种情况——虽然你有满腹的计划，但在向对方说明时，对方无法了解其内容，可能马上加以否定。另外还有一种情形是：对方不知你说什么，却已先采取拒绝的态度，摆出一副不会被说服的模样；或者眼光短浅，不听你劝说的也大有人在。如果遇到以上几种情形，一定要耐心地一项项按顺序加以说服，务求对方了解你的真实用意。这是说服此种人要先解决的问题。

对于不能完全了解说服的内容的人，千万不可意气用事，必须把你新建议中的重要性及其优点，一下子“打入”他的心中，让他确实明白。

五、承诺和一致——无声的魅力

诚信对于一个有影响力的人来说最大的特点是言行一致。言行一致是一种态度，是一种思想和行为的境界。言行一致的人心怀坦荡，言行一致的人表里如一，言行一致的人值得信任。言行一致的意思是人们觉得你口头上所说的话和你所做的事是一样的。

林肯的一生都保持着诚实的品格，从来没有作践过自己的人格，从来不糟蹋自己的名誉。

林肯刚进入法律界的时候，还很贫穷。一天，一个邮局的负责人来拜访这位年轻的律师。因为林肯刚刚做过一段时间的邮政员，手头还有一笔邮局的钱，而这个人就是来跟他结清账目的。跟这位负责人同来的还有亨利博士，因为他相信林肯这时肯定没钱，所以准备特地来贷款给他。这时，林肯先出去了一会儿，他回到了自己的住处，然后很快就回来了，手里提着一个破旧的袋子，里面是邮局预付给他的1760美元。林肯所要还给邮局的正是这个数目，并且正是当初给他的那些钱。对于不属于自己的金钱，林肯从来不肯动用，即使是临时动用。

“除非他确信当事人的案子会赢，否则林肯先生是不会接手的。”伊利诺伊州斯普林菲尔德的一名律师这样说，“而且法庭、陪审团和检察官都知道，只要亚伯拉罕·林肯出庭，那他的当事人肯定是站在正义与诚实的一方。我并不是站在政治的立场上来说这番话的，因为我们属于不同的党派，事实的确如此。”

有一次，林肯得知他的当事人捏造事实，骗林肯说他自己是正确的。于是，林肯就拒绝为他做代理。然而，林肯的一个合伙人接了这个案子，并且胜诉了，得到了900美元的代理费，但是林肯拒绝接受本该属于他的那一半。因为林肯渴望正义与诚实，渴望人格的完美。

在林肯做店员的时候，正是由于诚实的品质，他跑了六英里的路，去归还一位夫人的零钱，而不是等到下次找机会再还她。也正是因为如此，才使得“诚实的亚伯拉罕·林肯成为人性中最高贵品质的代表”。

林肯的盟友曾经从芝加哥给他发电报告诉他，只有保证能够同时获得两个敌对代表团的选票，他才有可能被提名为候选人。但是要想得到这两个选票，则必须向他们承诺，在将来的内阁中给他们一定的职位。林肯回答说："我不会同他们讨价还价的，也不会受制于任何势力。"林肯具有追求诚实与荣誉的个性，认为人格上的污点比伤疤还难看。

诚实、坦率是提升影响力的另一条重要法则。付出总有回报，忠诚于别人的同时，你会获得别人对你的忠诚。忠诚的人容易获得别人的信任和支持，也值得委以重任，因此忠诚的人更容易获得提升自己影响力的机会。

一个有影响力的人听到别人对自己最高的赞美之一是：你是个言出必行的人，你是个诚信的人。做个言必行、行必果的人。千万不能言而无信。讲话很便宜，不过食言很贵，因为它赔上了自尊。行为上的诚信永远比语言的诚信还要来得重要，因为行为显示了你对自己真正的评价。

诚信是不需要语言的，没有任何一种影响力能超出诚信的影响力。

第二章

轻松影响他人的 9 种掌控术

如果要钓鱼，就要像鱼那样思考，而不要像渔夫那样思考！凡成功人士都有精于为人处事的本领，其实成功之路有章可循。为什么我会听从售货员的推荐买下一堆昂贵却又没什么用的东西？为什么我们会答应别人原本不想答应的请求？这些都是别人对我们运用了心理战术的结果。

生活中每时每刻都在上演着一幕幕的心理战。心理战术是心理学中最实用、最贴近生活的一门学问。也许资金不如人，实力不如人，但并不表示就会失败。只要你能掌握对方的心理，掌握心理战术的运用，就一定能旗开得胜！本章着重讲述轻松影响他人的9种掌控术，让你能够正视自己、了解他人，真正成为一个有影响力的人。

洗脑术

洗脑术，大家并不陌生，即所谓的意志引导，通过心理诱导让别人跟着你的思路走。洗脑的第一步是让某人接受并灌输某个动作，然后再给他洗脑。即我们平时所说的心灵控制术。

广义的洗脑分为长时间洗脑和短时间洗脑。长时间的洗脑，从我们一出生就在进行。短时迅速的洗脑多半出现在传销、科幻、搞笑、网络游戏、假新闻，甚至是小学、初中、高中、大学等校园中。

当然，很多灌输都以崇高的目的作为伪装，实则是欺骗人们接受某个灌输动作后才对其进行逐步洗脑的。所以，避免不被洗脑，关键是要发现某个灌输的动作并坚决抵制这个动作。

人是有感情的非理性动物。人的意识主要分意识和潜意识：意识负责处理逻辑信息，潜意识则负责处理感情信息。意识位于信息源与感情之间，对信息进行变换和拦截，只有那些能够通过意识盘查的信息才能进入潜意识，从而引起感情的波动，一个人意识对信息的处理能力与其对事物处理的经验有关。经验丰富的人其拦截能力比较强，经验不丰富的人其拦截能力则相对弱。当然，这里所说的经验也包括对概念的积累。

比如，曾经热播一时的《流星花园》，其中就包含了大量的与现实不符的信息。当然，这些信息多数会在成人的意识中被过滤掉。因为意识会及时地发出“信息源所发出信息为不健康信息”，从而引起经验丰富的成人的反感。然而很多不谙世事的却学生因为缺乏经验，导致电视剧中所包含的超载信息进入其潜意识，引起其感情波动，甚至产生类似催眠的效果，使很多学生爱上了这部戏。

洗脑术，说白了就是一种心灵控制术。这一技术对人控制的另一个重要理论是：任何人在意识层面都有其弱点。而人的意识便是心灵的保护层，用来保护脆弱敏感的潜意识。但是，只要是正常的每个人，他的这层保护层都会有不同程度的弱点。比如有的人有些伤心的过往，当某个谈话内容涉及其伤痛的时候，意识的拦截能力就会显得异常薄弱。这时，潜意识的信息便会进入到潜意识中，造成人感情的波动。当事人可能会陷入悲伤的往事中，或出现过激反应。所以心灵控制术成功的关键是寻找并利用人的这一弱点。

一般来说，实施精神控制要具备如下5个条件：

1. 令人意识不到有一个控制和改变自己的计划正在进行。

操纵者并没有明确地提出什么要求，但是所有的人都“自发”“自愿”地走上那条最符合操纵者利益的路。这些“自愿”的人心甘情愿地在改变，他们捐献金钱甚至放弃工作，让外人看来不可思议，但他们自己却觉得这一切都很正常。

2. 控制他人的时间、人际接触的相关信息。

操控者建立一系列的规则，对受控者的时间和环境加以控制，给他们创造一种无能感、对现实的恐惧感，以及对操控者的依赖性。比如，操控者会贬低现实生活，夸大美好前景，提出一个令受控者可望不可即的美妙前景，而要想实现这个目标，只有参加操纵者组织的指定的活动才能达到。

3. 压制个人的行为与态度。

比如，受控者一定要按照组织者的意愿进行活动。他们所做的一切，上有操纵者理论上的掌控，下面还有个体间的相互监督和制约，因而具有强大的力量。当然，过不了多久，个体就会认识到进入这个组织就要抛弃过去的自己，“洗心革面”，重新“做人”。

4. 灌输新的行为与态度。

一旦被操纵者进入组织，其他个体的尊重和肯定就显得具有重要的意义。他们不希望受到组织的鄙夷或者漠视，他们认为自己只有得到肯定，才具有最大的价值。经过一段时间，一个“新人”诞生了，很自然地就沦为操纵者的留声机和传声筒。

5. 提出一套循环论证的理论。

在给组织成员进行洗脑、实施精神控制的组织中，组织总是崇高的，个体总是错误的，外部世界总是被灌输为低级的、邪恶的。当被操纵者长期处于这种精神控制的氛围下，别人会用这套逻辑对待他，他也理直气壮以同样的方式对待别人。最后，这种思维方式就成了他自己的思维定式，根深蒂固。他本人很难认识到，更难走出来。

一般来讲，施行洗脑的精神操纵者往往有以下的举动：提出很多暗示，激起被操纵者的好胜心、虚荣心，使他们自觉地按照操控者的要求行动；发展一套“内部术语”，用被操纵者之间的交流和思考，以强化他们对其所倡导理论的使用，增加他们与正常社会的隔膜；刚加入传销组织时，操纵者往往会给予被控者以慷慨的赞美和奖励，让其感受到爱和幸福；但是随后个体就会感到莫名的恐慌，因为操纵者所承诺的美好前景因自身的缺陷而无法实现，他们就会变得越来越自卑，慢慢开始抑郁、焦虑，直到丧失独立思考的能力。

一般来讲，受到精神控制的个体具有以下特征：他们不断地重复操纵者灌输的内容，彻底沦为操纵者的留声机和传声筒；说话的语气和声调会发生变化。变得或激动、高亢或庄严、缓慢，与此同时表情也会变得严肃或紧张，眼神也更加明亮、闪光。

最后，这些被洗脑的人就会变得个性虚弱、依赖性强，产生认知功能紊乱，甚至出现精神病的症状。

1. 对社会或对自己的处境极为不满。

例如：人们时常抱怨社会分配不公，因而最容易累积不满，这就很容易使人产生和其他人在怨恨社会方面的共鸣。这时，假如有一个别有用心的人想让你顺着他的意愿行事的话，他只需挑起你的怨恨，便很快令你丧失最起码的判断力和意志力。最典型的例子就是传销组织里的人，他们当中有很多人的不满都与收入有关。当他们无法摆脱现实的生活状况就会产生无可奈何的情绪，当他的怨恨越来越大，就越容易被人诱导。事实上，传销组织也正是从个人的收入上做文章，以引起共鸣。

2. 不切实际的梦想。

不切实际的梦想导致被洗脑，主要表现在如下几种人身上。一种是缺少社会经验的人。他们对有些人鼓吹的理论无法形成自己正确的判断，容易顺着别人的思路去思考。比如说要致富就必须付出，在传销组织中亲情、道德也成为付出的内容。二是处于社会偏底层的弱势群体。越是弱势的越容易产生梦想，直至演变为不切实际的幻想。在当今社会，由于人与人之间的收入差别过大，对弱势群体造成了极大的生存压力，而很多人又急于改变这种状况，便心存幻想。这种幻想太容易被人诱导了，因为幻想一理产生，就会让你延着适应你幻想的思路去想，心理自然会轻松一些。你若不这样想，心里就会产生无形的焦虑感。三是不对称的信息。一种是知识缺乏所导致的不对称。例如对营销和直销方面的知识非常缺乏，人家说什么你就信什么，这种人是传销组织最喜欢的。因为不了解，就很容易把似是而非的东西当成是真的。例如，传销组织编造了他们所谓的教材，虽然教材里充满了编造、虚假、谎言，以及似是而非的说法，但由于很多人根本不了解营销，无法判断其真伪，所以很容易轻信。还有一种不对称产生于信息渠道的利用上。传销组织信息的传递都是通过熟悉的关系进行的，而非正规的渠道，所以很多人找不到正规的渠道去进一步了解和证实。

3. 类似气功的气场效应。

凡是进入传销组织的人，都会被安排参加他们事先精心设计好的所谓的课程。当“讲师”讲课时，有专门的人做见证、敲边鼓、制造气氛。受到周边的这种气氛的渲染，很少有人会不受影响。这就是“场”的效应。在人际关系之间也存在着类似的场，它会直接或间接影响在场每个人的思考和思想。这也是传销组织为什么一定要让你不停上课的原因。而且，正是由于这种场的存在，使人的思想逐步与其原来周边的人产生隔阂，你不到这样的场就不舒服，就使你离不开这样的场。

被洗脑的人，他们的脑袋通常会发生了如下生理变化：

1. 被洗脑的人，通过不断地被输入，反复地强化，持续作用于大脑皮层下的“反响回路”（当眼前的刺激停止，你还会持续感受到刺激，这是大脑皮层下神经回路往复传导刺激造成的，叫反响回路）影响你的短时记忆。进而影响你的长时记忆。

2.人类长时期记忆的神经基础包含神经元突出的持久改变，是由神经的特异冲动造成的。比如，一个长时间学音乐的孩子，比一般的孩子对音乐更显示出敏感度，这是由于长时间的学习已经改变了他大脑的神经突触形态。对音乐刺激传导更快，而其他与音乐无关的东西则没什么差别。

上述所讲只是洗脑术的一部分，要想全方位地了解洗脑术，还牵扯到很多认知方式的改变。

只要有了解关于洗脑术的相关内容，才会很容易识别外界的种种信息，才能摆脱他人对自己的影响。从而，锻造内心强大的堡垒，并按照自己的意志对他人施加影响。

催眠术

催眠术，是人们比较熟悉的字眼。但真正了解和掌握催眠术的人却很少。或许你有所不知，在人与人的交往中，适当地采用催眠技巧会起到令人意想不到的神奇效果。催眠的定义不只是让人进入似睡非睡的状态，比如你拿起手机自拍嘴角上扬露出微笑，就是一种自我催眠。

一提到催眠术，很多人很自然地就会将其与洗脑术联系起来。其实，催眠术和洗脑术还是有很大区别的。催眠术是一种超级放松的心理技术，而洗脑术则是改变我们思想的技术。

那么，催眠术到底是怎么回事呢，它产生的机制和原理是什么呢？事实上，科学家早在150多年以前就对这一现象进行了研究，但直至今日没能彻底弄清楚催眠的真谛。有人认为催眠术打开了通向人类潜意识的大门，有人认为恍惚是非睡非醒的心理边缘状态，有人干脆认为催眠术就是伪科学。但是，无论人们持何种观点，有一点是毋庸置疑的，即人处在催眠状态下最容易来自外界的接受暗示，甚至可以让他做出一些反常的举动，因为在催眠状态下，大脑和身子都身不由己。

催眠术到底是真是假，一些研究知觉边缘状态的专家通过试验解开了其中一些不为人知的谜团。比如，有人认为催眠术能预测未来。那么，这种观点成立吗？对此，曾任俄罗斯创造性和医疗性催眠术研究协会副会长的伊戈尔·拉济格拉耶夫认为：对一个人的知觉施加影响能对其生理过程起到一定的作用。他不止一次通过实验得到了证明。他有一个女患者，其在更年期闹得特别反常。由于经期紊乱，其头部和心口都疼痛难忍。他对这名患者做了几次催眠治疗后，患者的更年期“推迟”了7年。她不仅不再感到头疼和心口疼，月经也恢复正常，人也变得格外精神起来。

拉济格拉耶夫还坚信：通过合理地实施催眠技术，可以把一个人送到“未来”。 有一次，有一名就读于音乐学院的女学生来找他看病，说自己当着观众弹钢琴有些怯场。于是，他给学生实施了催眠术，他在做催眠时告诉学生，说她实际年龄不是22岁而是32岁，还告诉她32岁时是个天才的钢琴家。这些言语大大增强了女大学生的信心，使她的演出大获成功。

科学家认为人在接受催眠时会分泌比平时更多的、名为内啡肽的麻醉物。哈佛医学中心的吉南德斯和罗森塔尔教授经过反复研究，还发现了催眠术的另外一个令人不可思议的属性：当病人处在恍惚状态之下，其骨折或外科手术的伤口能更快愈合。他们进行第一项研究时请了12位踝骨断裂的病人参加。在3个月内，吉南德斯对其中的6人每星期做一次催眠。而另外的6人则只接受一般的治疗，并不接受催眠治疗法，他们由另外一批专家通过X光透视仪来观察病人骨头的愈合情况。实验结果表明，那些接受过催眠的患者明显比其他患者好得快，他们比接受一般治疗的患者早了整整两个星期下地行走。

一些生物学家认为这就是内啡肽对人体影响的结果。对此，拉济格拉耶夫表示认同。内啡肽是一种人体自身机制合成的麻醉物，患者在接受催眠的过程中会分泌更多的内啡肽，从而大大减轻了愈合过程中的痛苦。因为它能给人带来精神上的愉悦感，所以有一种无痛感觉。

当然，很多人被催眠进入状态，也不仅仅是内啡肽的问题。但科学家们普遍认为，在催眠的作用下，人体的血液循环会被改善。科学家们不仅探究催眠术的奥秘，也一直设法运用催眠术治病。瑞士的巴塞尔大学曾发表一份声明，声称他们已经找到了治疗花粉过敏症的新方法，即催眠术。

这项研究共进行了两年，有66名花粉过敏症患者自愿接受了这项试验。科学家们将这些花粉过敏症患者分为两个组。第一年，第一组照常继续服用那些传统的抗过敏药，并不参加试验。第二组则参加试验，他们在一名经验丰富的神经疗法医生的指导下施行自我催眠，旨在祛除过敏主要症状。与此同时，他们仍然继续服用一般的抗过敏药，服药的剂量比平时要小一些。第一年的试验结束后，效果就非常明显了。到了花开季节，第二组参加实验的患者症状明显减轻。到了第二年，第一组参加实验的人也接受了催眠，到了“过敏季节”他们的症状也有所缓解。由此，科学家们得出结论，这些人的过敏症状之所以有所缓解，是因为在催眠作用下人体的血液循环有了明显改善，部分或全部解决了人体呼吸系统最爱出现的问题。不过，此项实验进行时，仍需服用小剂量的抗过敏药物，缺乏事实依据，而非医学上的鉴定。

心灵控制术通常不需要被施术人进入精神恍惚状态，在清醒的时候利用弱点进攻他们的潜意识。然后在需要的时候让他们进入短时间的催眠状态，以便接受催眠后暗示，然后迅速醒过来，就算有人在旁边围观也看不出什么问题，当事人也只是觉得迟疑一下而已。暗示使用非常含蓄的语言，使得意识无法破解有危险的成分，从而保证暗示能够被执行。而且因为当事人的心情已经被施术者所控制，所以不会怀疑自己所做的事情。

催眠现象无处不在，生活中，不是我们在影响着别人，就是别人在影响着我们。很多时候，我们无意识做出的行为却得到很糟糕的结果，但我们却并不察觉。通过催眠他人，你除了可以大幅度地增加自信外也可以更好地了解自己，并认识心智的运作方式，进而快速改变个人的某些不良习惯，达到轻松影响他人的目的。

没有任何一种能力能比不断地为人生做出正确的决定更为重要！因此，我们有必要掌握一些简单实效的无意识隐性催眠技术来与人沟通，在不为人知的情况下影响他人。

诡辩术

在外国，“诡辩”一词最早是由希腊语“智慧”一词演化而来。至今英语中的“诡辩（sophism）”一词仍与“哲学（philosophy）”一词共用同一词根“sophy”，该词根的含义为“智慧”。可见，诡辩是一种争论的智慧。

诡辩，其实就是有意地把真理说成是错误，把错误说成是真理的一种狡辩。用一句简单明了的话来说，就是有意地颠倒是非、混淆黑白。玩弄诡辩术的人，从表面上来看，似乎能言善辩，说得很有道理。他们在写文章或讲话的时候往往滔滔不绝，振振有词。他们每论证一个问题，也总是可以拿出许多“根据”和“理由”来。但是，这些根据和理由都是经不起推敲的。他们只不过是主观主义地玩弄一些概念，搞些虚假或片面论据，做些歪曲地论证，目的是为自己荒谬的理论和行为做辩护。

古代，一座城市的市民都不知道一个自称智者的人是个诡辩家，人们都巴望着能聆听他关于智慧的演讲，便花了许多钱，终于把那个自称智者的诡辩家请上了他们专门为他搭设的讲台。

第一天，诡辩家登台便问听众：“你们知道我要讲什么吗？”大家都说不知道。诡辩家于是说：“既然你们如此无知，那我讲了有什么用？”说着便走下讲台。

第二天，他登上讲台对听众们说：“你们知道我要讲什么吗？”大家记得昨天的事情，于是都说知道。这个人于是又说：“你们已经知道了，我重复一遍也没有意思。”说着又走下了讲台。

第三天，诡辩家再一次登上讲台大声问：“你们知道我要讲什么吗？”听众有的说知道，有的说不知道。没想到诡辩家却说：“知道的人去讲给不知道的人听吧！”说完就走下讲台，扬长而去。

市民们无可奈何，只好留下了那个讲台，作为这座城的耻辱柱。当然，也有少数市民知道这个诡辩者其实给这座城市的市民们上了三堂生动的课，主题全部关乎智慧，而且并不难解。当然，联系起来看，它就是一堂完整的关于诡辩的课。

中国人的善辩举世闻名，在古代甚至有“说客”的专职。

诡辩是实践上错，逻辑上对。

诡辩有很多形式，这些形式都有一定的特点。比如似是而非、白马非马、割裂联系等。了解诡辩的特征对正确理解诡辩非常有帮助。

两个中学生找到老师，问：

“老师，请问，什么叫诡辩呢？”

这位精通哲学的老师并没有直接回答这个问题。他稍稍考虑了一下，然后说：

“有两个人到我这里来做客，一个很干净，另一个很脏。我让这两个人去洗澡。你们想想，他们两个人中谁会去洗呢？”

“那还用说，当然是那个脏人。”学生脱口而出。

“不对，是干净人。”老师反驳道，“因为他养成了洗澡的习惯；脏人认为没什么好洗的。再想想看，是谁洗澡了呢？”

“干净人。”两个学生改口说。

“不对，是脏人，因为他需要洗澡；而干净人身上干干净净的，用不着洗澡。”老师又反驳说。然后，他再次问道：“现在看来，我的客人中谁洗澡了呢？”

“脏人！”学生重复了第一次的回答。

“又错了，当然是两个人都洗了。”老师说，“干净人有洗澡习惯，而脏人需要洗澡。怎么样？他们两人到底谁洗澡了呢？”

“那看来是两个人都洗了。”学生犹豫不决地回答。

“不对，两个人都没洗。”老师解释说，“因为脏人没有洗澡习惯，干净人不需要洗澡。”

“有道理，但是我们究竟该怎么理解呢？”两个学生不满地说，“你讲的每次都不一样，而总是对的！”

这就是诡辩。之所以会出现“老师讲的每次都不一样，而总是对的”结果，是因为老师在解释中同时涉及两个标准，一个是生理要求，一个是心理要求。老师的每一次回答都选择与学生所选择的标准不同，自然会得出与学生相反的结论。也就是说，老师所说的概念每一次都是不相同的。因此，学生回答总是不正确的。可见，诡辩就是这样造成的。所以，如果学生能更深一层去思考老师的回答标准，指出他的错处，就使老师的诡辩无机可乘了。

偷换概念式诡辩是一种诡辩伎俩，在辩论中我们千万不可掉以轻心。如果我们对这种伎俩缺乏理性的剖析能力，有时反而会形成窘境的转换，有“理”的一方暗自憋气，无“理”的一方却趾高气扬。

俗话说：“打蛇要打七寸。”同样的道理，对诡辩的反驳关键要抓住实质，击中要害。因为实质性的问题其实就是要害问题，实质决定了问题的基本倾向，抓住它，就可以置诡辩于死地。

日常生活和工作中，不是每个人都是雄辩家，但我们完全可以掌握一些诡辩的技巧，给对方施加言语上的影响，从而让对方无言以对、束手就擒。

心理暗示术

“暗示”是一种自我或他人的言语、文字、手势、情景等对自己心理上的作用，这种作用会使人按一定的方式接受某种信念与意见并付诸行动。“暗示”的特点在于接受暗示的人在暗示的作用下，不需经过说理论证，不进行分析批判，就盲从、附会地接受这种“暗示”的意见和解释。

人们为了追求成功和逃避痛苦，会不自觉地使用各种暗示的方法，比如困难临头时，人们会相互安慰：“快过去了，快过去了。”从而减少忍耐的痛苦。人们在追求成功时，会设想目标实现时非常美好、激动人心的情景。这个美景就对人构成一种暗示，它为人们提供动力，提高挫折耐受能力，保持积极向上的精神状态。

一位年轻的塞浦路斯国王名叫皮格马利翁，他很喜欢雕塑，是个有名的雕刻家。

有一天，他得到了一块洁白无瑕的象牙，就用它精心地雕刻了一个美丽可爱的少女。这个雕塑实在是太美了。

皮格马利翁每天都用深情爱慕的眼神呆呆地凝视她，久而久之，他竟然深深地爱上了这个雕塑，热切地希望她成为一个真正的少女。

他给雕像穿上美丽的长袍，拥抱她、亲吻她，他真诚地期望自己的爱能被她接受。

后来皮格马利翁的诚心感动了天神，天神就使这个雕像真的变成了一个美丽的少女，和他生活在一起。

这就是心理学上著名的皮格马利翁效应，也叫期待效应。意思是，热切的期望能使被期望者达到期望者的要求。

你在向潜意识示意的时候，一定要用些美好的暗示，像那些能治愈人的、能保佑人的、能激励和启迪人的话语。切记，你的潜意识不会识别“开玩笑”，它把什么都当成是真的来接受。

自我暗示可以用来消除恐慌和消极的心态。

一位年轻歌手被邀请去试唱，她一直期待着这次面试。由于前几次她心里一直担心失败，所以在试听时不能充分发挥。

这个女歌手嗓音很好，但她常对自己说：“我唱的他们不一定喜欢吧？我就试试看，但我还是担忧。”她的潜意识接受了这些消极的暗示，并在适当的时候做出了反应。这些偶然的或无意识的消极暗示被感情化和主观化了。

后来她将自己关在屋内，坐在沙发上，让身体完全放松，闭上眼睛，让心情静下来。因为身体的迟钝对潜意识的顺从和接受暗示是有益的。

她静静地默祷：“我其实唱得很优美，我会很沉着，很自信。”她带着表情慢慢地重复多次。晚上睡觉前也重复这样的默祷。如此一天三次，一周后，她信心十足地参加试唱，结果唱得很成功。

“暗示”在我们生活中无处不在：影视作品、广告、报纸杂志在传播着各种信息；在与人交流中，别人的话会对自己产生影响，自己的想法也会对自己的某些行动产生很大作用。因此“暗示”又可分为自我暗示和他人暗示。

当我们希望别人成为我们希望的人时，就应该给他传递积极的信息，告诉他可以成为这样的人。你希望他成为什么，他就能成为什么。当他有了天才的感觉，他就会成为天才，当他有了英雄的感觉，他就会成为英雄。

作为老师和家长，如果希望孩子变得更好，就要尽量鼓励他们，夸奖他们，告诉他们行。在你的热切期待中，他们能发生翻天覆地的变化。

欣赏引导成功，抱怨导致失败。让对方感受到你的欣赏期待，他会按照你的意愿而变化，成为你期待中的人。热切的期望能使被期望者达到期望者的要求。每一个人都有可能成功，但是能不能成功，取决于周围的人能不能像对待成功人士那样爱他、期望他、教育他，以及他能给周围人带来多大的利益和影响。

你要记住，有两种人难以唤起暗示：一种是无法理解你所说的话、头脑不健全的人。一种是不愿意去理解的人。

行为矫正术

行为矫正，又称行为改变或行为治疗，是一个心理学术语，是属于对人类行为进行分析和矫正的心理学领域。它是指通过行为分析，有针对性地开展和实施某些程序和方法，从而帮助人们改变他们的行为，比如对一些正常儿童的口吃、发脾气、说谎、厌学、言行不一致等不良行为的治疗，或对酗酒等行为的矫正等。

一、行为矫正的定义

行为矫正是属于对人类行为进行分析和矫正的心理学领域。

这里所说的分析，是指识别环境和某一特定行为的相互作用关系，从而判断该行为产生的原因以及他为什么会表现出这样那样的行为。

这里所说的矫正，是指根据客观实际情况开展和实施一些切实可行的程序和方法，以帮助某些人改变他们的行为。很多关于行为矫正的程序和方法被专业人员采用以帮助人们改变其表现的社会行为，从而达到改进其某些生活目标的目的。

二、行为矫正的基本原理

行为强化：一个具体行为的发生，导致一个紧随出现的直接结果，而这一直接结果又导致这个具体行为在将来被加强（即行为人更有可能在将来再次从事这个行为），比如：一个孩子晚上上床后中哭闹（具体行为），她的父母就到她的房间里安慰她（直接结果）。结果，这个孩子睡觉时哭闹得更频繁了。（行为加强）

行为消失：一个以前被强化的行为，不再导致具有强化作用的结果，并且因为这个原因行为在将来不再发生。比如：孩子晚上上床后哭闹，父母不理会孩子，孩子以后哭闹的行为慢慢消失了。

三、行为矫正的特点

1. 以行为学原理为基础。

2. 主要强调对行为改变的测量。

3. 研究的领域主要集中于个人的行为。

4. 对行为矫正程序进行精准、确切的描述。

5. 通常是由日常生活中的人们实施行为矫正。

6. 行为矫正不会对行为的潜在动因加以假设。

7. 行为矫正强调的是当前所处环境、发生事件的重要性。

8. 只注重目前的行为，不会将过去的事件作为引发行为的原因加以重视。

四、行为矫正的代表人物

行为矫正方面最著名的代表人物之一就是巴甫洛夫，全名为伊万·P.巴甫洛夫。巴甫洛夫从事生理学研究60余年，为人类做出了不可磨灭的贡献。他曾经进行了一项著名的实验，名为揭示反应性条件反射又称经典条件反射基本过程的试验。他论证了人类的反射行为，（比如人们对心仪的食物会流口水的行为）可以对一个中性刺激形成条件反射。

另一位著名的代表人物叫爱德华·L.桑代克。桑代克对人类的主要贡献在于他对效果定律作了精准的描述。从本质上说，效果定律认为对环境产生良好效果的行为更可能在将来被重复。

约翰·B.华生，也是行为矫正方面的领军人物。他在1913年发表了一篇名为《行为学家眼中的心理学》的文章。华生断言所有的行为都是受环境事件所控制的，可观测的行为是心理学特有的主题。最为重要的是他描述了反应心理学，即一种环境事件（刺激物）从个体身上得到回应的刺激；并且他还发动了心理学中称作行为主义的运动。

B·F.斯金纳也是这方面的著名人物，他的工作构筑了行为矫正学的基础。他在前人研究的基础上有效扩展了华生描述的行为主义的领域。他详实地描述了反应性条件反射和操作性条件反射之间的本质区别，认为操作性条件反射是指行为的结果控制该行为在将来的出现。例如：

1. 惩罚。

当一个人某个具体的行为一旦发生，在行为之后就会立刻跟随一个随之而来的结果，而这个结果就会导致在将来这个行为再次发生的可能性极大地减小（原因是，其行为被弱化了）。例如：娜娜在幼儿园上日托，如果别的孩子抢玩她的玩具，她就会很反感甚至会打那些玩她玩具的小朋友。当她每次打别的小朋友时，老师就会及时出来阻止她，并令其另一个房间静坐两分钟。经过几次这样的惩罚，娜娜意识到自己的行为会让自己受到她不想要的惩罚，于是她就不再打别的孩子了。

2. 刺激控制。

简言之，就是假如在某个特定的前提下，或者某个刺激群体中有一个刺激出现，人类行为发生的可能性就会大大加强。我们就可以说这个行为得到了有效的刺激控制。

3. 反应性条件反射。

又称经典条件反射或巴甫洛夫条件反射。关于此，巴甫洛夫做了专门的实验。在实验中，他发现当把肉末放进狗的嘴里，狗就会分泌唾液，这就证明了非条件刺激会引起非条件反射。接下来，巴甫洛夫在每次给狗喂食肉沫之前又增加了一种刺激，即用节拍器发出的声音来引起狗的注意力。这样反复做了几次后，巴甫洛夫停止给狗喂肉末，只让节拍器打节拍，他又发现，即使狗的嘴里没有了肉末，当它听到节拍声也会分泌唾液。这是因为节拍声伴随着肉末出现，进行了好多次，对狗而言，节拍声就成了条件刺激。

综上可知，人类的行为是可以通过特定的方法来予以矫正的。

有的人在无形中给他人带来很深的影响，不仅是其人格的魅力、能力的卓越，更多程度上是因为他能掌握一定的行为矫正术，让别人不自觉地朝着他的目标做出相应的反应。这就是行为矫正在人际交往中给他人施加的影响。

需求诱惑术

我们要懂得满足他人需求的重要性，要知道人们的需求有哪些？我们要从他人的普遍的需求入手，人们都有尊重的需要，自主表现的需要，与人交往的需要，情感的需要，宣泄的需要和被社会承认的需要。时刻关注一下他人的需要，你的需求也会得到满足。同时，你对他人的影响也会日益增强。

如果人们在说话办事时，能够站在他人的立场去想问题，这个世界必然会少很多纠纷。人要在这个世界生存，必然有各种各样的需求，物质需求和精神需求，生理需求和社会需求。如果能够满足他人的需求，对方必然积极地为你去做一些事情。就如钓鱼一样，我们钓鱼用的是鱼饵，用鱼喜欢吃的东西，而不是用自己喜欢吃的东西去钓鱼，这个道理是很浅显易懂的。而且不同的鱼要使用不同的饵，如果使用一种鱼饵去钓不同的鱼，一定会是徒劳的。同理，我们希望得到他人的支持，就应该满足他人的需求，这样他人才会满足我们的需求。

钓鱼的原理也是人际交往的法则，能够影响他人的方法，就是时刻关心对方的需求，并且想方设法满足对方的需求。

有一次，爱默逊和他的儿子，要把一头小牛犊赶进牛棚里，爱默逊在后面推，儿子在前面拉，可是那头小牛怎么也不进去，横在门口。这让父子俩犯难了，两个人愁眉苦脸地站在牛的旁边。

这情景被一个女佣看见了，她懂得牲口的感受和习性，也懂得这头小牛最基本的需求，于是她出去拿了一把绿油油的青草，站在小牛的前面，小牛看到青草也不用人往里推，就直接跟着女佣进了牛棚。

爱默逊的失败就在于，他没有用小牛的需要来引导小牛，结果达不成让小牛进牛棚的目的；而女佣的成功就在于她用小牛的需求来引导小牛，结果不费任何力气把小牛引进了牛棚。

我们在生活中也是一样，如果我们成功地得到他人的帮助，我们就要站在他人的立场来看问题，并且满足对方的需要。

这个道理谁都明白，可是真正做起来却并不是那么容易的。我们大多数人在大多数时间想到的是自己，忽略了他人，自然也会被他人忽略。我们要学着改变这种“只想自己”的习惯。通常我们一起出去玩，我们首先会选择自己喜欢的地方；我们在餐厅点菜，会点我们喜爱的菜肴；甚至我们读书的时候，也会选择我们喜欢的科目。人从出生到这个世界上来，所有的举动，所有的出发点都是围绕自己的需求。

但是，如果我们能够站在别人的立场去考虑问题，就会赢得更多的朋友，也更加容易达到目的，得到的也会更多。如果我们与他人发生摩擦，双方都能够冷静下来，把自己摆在对方的立场上处理问题，换位思考一下，这样我们就不会总是责怪对方，也不会认为对方做的都是错的，认为自己才是正确的了。

有句古话：“将欲取之，必先予之。”这是古往今来人们

办事的经验之谈。当我们理解对方的需求或难处后，问题等于已经解决了一半，接下来我们按照对方的需求行事

你如果想要从他人那里获取利益，必须先给予对方以一定的利益。适当地去做一些事情，我们也必定得到回报。

软绳捆柴术

社会就如一个大的博弈场，各色人等都在努力地打拼。有的人是为了理想、为了信仰，有的人是为了工作、为了生活……无论是为了什么，我们每个人都不可避免地与很多人打交道，甚至不排除会遇到强劲、顽固的对手。

那么，对于顽固的对手，我们该怎么做呢？显然是不能以强硬的手段硬碰硬。那样的话，我们即使能制服其人，也未必能收服其心。俗话说，“软绳子捆得住硬柴火”，利用我们自身的优势，采取温柔的手段是对付强硬分子的上上之策。

孟获是三国时期南中地区少数民族的首领，是当地很有影响的人物。他和朱褒、雍凯、高定等人勾结，推举雍凯为主帅。趁蜀国对吴国作战失败，元气大伤，刘备刚死的机会，煽动少数民族，杀死蜀国派往这一地区的官吏，公开发动武装叛乱。

南中历来就是多民族聚居的地区。三国时候，那里住着许多少数民族，是今天彝族、壮族、傣族、独龙族的祖先。汉朝

时，他们被称为“西南夷”。他们和汉族人民在一起，用劳动和智慧开发了中国的边疆，对中国的经济和文化发展，做出了巨大的贡献。孟获等人在南中地区的叛乱，既破坏了各族人民和睦相处的愿望，也严重地威胁到蜀汉的政权，妨碍了诸葛亮北伐中原，统一全国的计划。为了维护蜀国的统一，诸葛亮经过积极的准备，在公元225年，分兵三路，向南中进军。

在开始出兵的时候，诸葛亮采纳参军马谡的建议：这次出征的目的，并不是把那些叛乱分子赶尽杀绝，占领他们的城池，而是要征服当地领袖人物的心，使他们心悦诚服地服从蜀汉的统治，以后不再发动叛乱。这叫作攻心为上，攻城为下。

诸葛亮出兵不久，南中地区的叛军内部起了变化。雍恺被部下杀死，孟获做了主帅。接着诸葛亮杀高定，破朱褒。这年五月，诸葛亮带领军队渡泸水，追击孟获。由于孟获在当地群众中有一定的威望，当地少数民族和汉族都服从他的指挥，所以诸葛亮命令不准杀害他，一定要捉活的。孟获见蜀军打了进来，就起兵迎战。蜀将王平跟他对阵，开战不久，王平掉转马头往后撤走，孟获驱兵前进，沿山路追赶。忽然喊声大起。蜀兵从两旁杀出，孟获中了埋伏，只得引兵败退。蜀兵紧紧追赶，活捉孟获。

军士们把孟获押解到大营来见诸葛亮，诸葛亮问孟获：“我们待你不错，你怎么反叛朝廷？现在已被生擒，还有什么好说的呢？”接着他亲自带领孟获参观蜀军军营，问孟获：“你看我们的军队怎么样？”孟获一看，蜀军阵营整肃，军纪严明，士气旺盛，心里暗暗佩服，可是并不服气。他说：“我不是被打败的，只是不知虚实，中了你们的埋伏，才被捉的。现在看了你们的军队，也不过如此，真要硬打硬拼，我们是能够取胜的。”诸葛亮笑着说：“既然这样，我放你回去。你整顿好队伍，再来打一仗吧。”说完吩咐士兵们摆上酒席，招待孟获吃了一顿，然后把他放回去。

孟获回去以后，又连续和诸葛亮一战再战，一连打了七次，被擒七次。最后一次，诸葛亮把孟获的军队引到一个山谷中，截断他们的归路，然后放火烧山。只见满山满谷烈火熊熊，把孟获的将士烧得焦头烂额，叫苦连天，孟获第七次被蜀兵活捉。

孟获又被押解到蜀军营帐。士兵传下诸葛亮的将令说：丞相不愿意再见孟获，下令放孟获回去，让他整顿好人马，再来决一胜负。孟获想了很久说：“七擒七纵，这是自古以来没有过的事情，丞相已经给了我很大的面子，我虽然没有多少知识，也懂得做人的道理，怎么能那样不给丞相面子呢！”说完跪在地上，流着眼泪说：“丞相天威，我们再也不反叛了！”

诸葛亮很高兴，赶紧把孟获搀扶起来，请他入营帐，设宴招待，最后客客气气地把孟获送出营门，让他回去。孟获七次成为诸葛亮的手下败将，作为阶下囚丢尽了脸面。本来，可杀可剐，全凭他发落。但是诸葛亮非但没有杀他，甚至没有羞辱的言辞，反而以贵宾的礼遇对待他。这给了他多大的面子！如果不识抬举，只能自讨苦吃，也对不起人家的一片诚意。何不借坡下驴，也不失武将的体面。诸葛亮的这个面子赏得恰到好处。

给面子是大对小、上对下、强者对弱者干的事情，这就意味着，如果孔明没有博大胸怀、没有占了用计的上风、没有其军事的强势，“七擒七纵”便无从谈起。没有这种肚量的人，是办不到这一点的。

要想影响他人，在为人处事时知己知彼方可胜券稳握。

舆论效应术

在我国著名古籍《国语》中有句话流传至今，即“众口铄金，积毁销骨”。大意是人言可畏，虽坚如铁石之物，亦告熔化；毁谤若不停止，就会令人难以生存，从而遭到毁灭。可见舆论威力之大。在某一些事件中，如果你想影响别人、战胜对手、达到目的，不妨试试使用舆论对其施加压力。

几年前一月饼厂家因为用过期的馅做月饼，并用冬瓜假冒凤梨被新闻曝光后，该厂家便一蹶不振，甚至祸及与它同名的另一公司的产品的销售，其他的商家也急忙与其划清界限。几年后，市场上仍然看不见这一牌子的产品在市面上露脸。可见新闻舆论能够决定一个企业的生死存亡。

广州出现的“牛拉宝马”事件中，宝马车主买到的宝马车不到三个月，行程不足5000公里，却已发生了多起在行驶过程中自动熄火事故，导致危险丛生。该车主强烈要求宝马公司更换新车，却遭到诸般推托或含糊答复，迟迟却未见兑现，也未能给车主满意答复。该车主一怒之下，用一头牛拉着宝马车到经销商门口，以抗议宝马公司的欺民行为。

结果呢？这一事件发生后，宝马公司采访了一些问题宝马的车主，他们的投诉就包括车在行驶途中会突然出现熄火现象，当时宝马针对这些车主做了个别回应和处理，事隔半年，宝马中国主动召回所有可能存在这种“熄火”问题的7系轿车，免费更换油箱，这种主动和当时的被动相比，就是一种进步，而这种进步背后我们可以看到四个字的剪影“舆论监督”。世界上没有完美的车型，极度热销的一款中高级轿车也被媒体爆出有问题，于是被大规模召回。

试想一下，假如没有媒体的存在，没有舆论的监督，在车市竞争如此激烈的时候，宝马7系等是否会坦然承认自己的问题？

在现实中很多人都懂得利用舆论，或者可以叫作流言蜚语来攻击他人。甚至，即使没有恶意，有时候传言对当事人也会造成重大的伤害。因为一般人们要直接传话，他人不会相信。但若是毫无利害关系的人传话，被传话的人会容易接受。

比如，当你认识一位友善的老师，你可能会有倾向地认为其他的老师也很友善；当你偶然发现一位朋友背了奢侈品包后可能会偏向地认为她的其他物件也价格高昂等。类似晕轮效应的还有标签效应，就是指那些简单用一个或几个标签来概括某个人或某类人。

现在人们的生活压力大，生活节奏快，由此社会上出现了很多的大龄青年。他们有着较好的工作，生活稳定，但是就是到了结婚的年龄却没有成家的意思。家里父母着急，亲戚也四处张罗，总是不能让他们肩负起成家立业的心思。这样周围的邻居，旁的熟人就会用一样的眼光来看待。最后就会传言，这个人有某种毛病，所以到现在不结婚。这样逼得不结婚也不行，后来只得跟找工作面试一样地四处相亲，最后结了婚，终于叹出一口气。

在与人有竞争性的交往中，如果你想削弱对方的自信心，打击对方的意志力，你不妨借助一下舆论的压力。

要知道谣言有时候是造成他人伤害的核武器，你完全可以好好利用这个武器对他人施加影响。

攻其软肋术

人无完人，无论是伟人、圣贤还是哲人抑或是凡夫俗子，都有弱点。我们只要多动脑筋，对这些弱点巧加利用，抓住对方的特点，迎合对方的兴趣爱好，一切都能得心应手，如你所愿。

童贯是北宋的一个小太监，他有善于察言观色的能力，让他在宋徽宗时期发了大迹。宋徽宗继位之后，派遣童贯四处收罗天下名画，供他观赏临摹。童贯来到书画艺术最为发达的杭州，他把苏杭一带的历史名画和人才源源不断地送到宋徽宗面前。并且把自己的好友，精通书法和绘画的蔡京一并举荐给宋徽宗。童贯深知如何讨得宋徽宗的喜欢，每一次送给宋徽宗的书画之中都带有蔡京的作品，并对蔡京大加赞赏。宋徽宗本热爱书画，加上亲信的吹捧，竟然决定拜蔡京为相，于公元1102年7月，任蔡京为宰相。而童贯在朝中的地位更加牢固。童贯能够权倾朝野，也就是抓住了皇帝对书画的喜好，抓住了这根软肋，使自己平步青云、扶摇直上。

历史上常用的美人计也是来自于攻其软肋。都说英雄难过美人关。对于一些强大的将领，一般不可强攻，而使用美人计便是上上之策。在古今中外战争史上，一方运用“美人计”致对方于死地的事例有很多。历史上很多君王，往往为了一己之贪恋，而不惜舍弃其他一切，置国家、国民的安危于不顾，最终导致亡国亡家的败局。

古时的周幽王荒诞无道、滥杀忠良。西周大夫褒珦因直言举谏于周幽王，而惹怒了幽王，被幽王下令关入牢中。褒珦的儿子洪德偶尔到褒地去收租税，看见已长大成年的褒姒美若天仙，便把他带了回来，并教授给她以歌舞、礼仪等，然后，洪德将褒姒敬献给幽王，贪色的幽王欣喜若狂，他下令放出褒珦、让他官复原职。洪德正是抓住了周幽王贪色的弱点，向其进献美人褒姒，让周幽王大喜之下而放了他的父亲。

还有历史上的高俅，他的球踢得好，皇帝从喜爱足球到喜爱高俅，于是最后高俅成了皇帝的宠臣。在历史上，“以酒会友”“以文会友”也都是美谈，因为都爱喝酒和都爱舞文弄墨，不相识的人便以酒以文为桥梁建立了友谊。

不仅仅在这样一些人人皆知的事情上面，利用人的弱点达到计划的目的，在生活中，我们也可以看到很多这样的例子。做生意的商人就是看透了人们爱占小便宜的弱点，而谋取更大的利益。我们随处可见当节假日来临时各大商场超市人山人海，顾客接踵摩肩疯狂购物，就好似里面的东西不要钱。因为每到节假日，商家们都推出了让利促销，什么“跳楼价”“出血价”或是购物满多少就返多少钱的商品，有的顾客为了能够拿到赠品，便购买一些自己不需要的东西，以达到获赠的额度。顾客得到了实惠了么？其实真正获利的是商家，他们把积压了很久的商品一售而空。

曾经有一位熟悉的商场促销坦言，其实他们很多产品在节假日买的价钱并不比平时低。只是他们公司把商品的原价提高了很多，然后再按几折出售，其实价钱并没有改变。而消费者一看见打折商品便拼命地购买。其实却不知商家正躲在后面边数钱边偷笑呢。

我们做事也是一样，在与人共事时，应该抓住对方的弱点，集中攻取一点，从对方最重要最软弱的地方下手，这样对方就会乖乖就范，才会成功达到自己的目的。

第三章

掌控消费者：轻松影响他人的营销法则

本章主要从商业的角度来讲述影响力的秘密，以及作为一名商界人士，无论是企业老总，还是销售专员，都需要掌握的影响消费者的7大营销法则：定价的影响力、色彩的影响力、品牌的影响力、广告的影响力、产品设计的影响力、文案的影响力、秒杀的影响力。

了解了这些，你就会在无形中轻松掌控消费者的心理，达到金牌销售的目的，从而为你赚来滚滚财富，事业如鱼得水，生活蒸蒸日上。

定价的影响力——价格歧视是如何诱导消费者的

生活中我们经常会遇到这样的现象，大部分超市里，顾客出示会员卡或积分券就能买到便宜货；乘公交车，使用公交卡的老乘客与偶尔的乘客所花的钱不一样；卖电脑的，卖给大学生就比卖给公司职场的人便宜；用电，工商企业与老百姓的价格不同，白天与深夜的峰谷电价也不同；电影票，一般对少年儿童实行“半票”，看同样的电影，节假日的观众也要比平时的观众多付钱买票；周末和朋友蹦迪跳舞，女士可以免票……按经济学的原理解释，这些就是“价格歧视”，也是定价的秘密。

实质上，上述这些就是一种价格差异，是指商品或服务的提供者向不同的接受者提供相同等级、相同质量的商品或服务时，实行不同的销售价格或收费标准。它有利于垄断企业获取更多利润。如果以较高的价格能把商品卖出去，生产者就可以多赚一些钱，因此尽量把商品价格定得高些。但如果把商品价格定得太高，又会赶走许多支付能力较低、需求比较弹性化的消费者，从而导致生产者利润的减少。

采取一种两全其美的方法，既以较高的商品价格赚得富人的钱、需求比较高的人的钱，又以较低的价格把穷人的钱、需求不是很高的人的也赚过来，这就是目的。最典型的例子是飞机票，商务旅行的票价总要比一般旅行的票价高，因为航空公司对于时间要求比较紧的商务顾客收取100%的票价，而对提前订票时间弹性比较大的顾客采取打折售价的销售方式。“当某人愿付400美元时你不会以69美元卖给他一个座位。与此同时，航空公司是愿意69美元卖掉一个座位而不愿意让它空着的。”美国航空公司的一位副总裁道出了价格歧视策略的意义。

只要有可能，商家就要实行“价格歧视”的定价策略。每一个消费者都有不同的需求价格弹性，只要商家能够在市场上将他们有效地分割开来，实行价格歧视就可以“捕获”更多的顾客，把能够支付高价的顾客与只能支付低价的顾客一网打尽，获取最大可能的利润。

在定价策略上很多大企业做得相当好，我们可以看到一般的大企业都会有多个品牌，形成品牌群，利用不同的品牌的顾客群，针对不同档次的消费者定出不同的价位，从而获得最大利润。实行的多品牌策略是一个典型的多级价格歧视，五粮液公司和宝洁公司经常使用这种策略。

价格歧视策略不止于上面所说的形式，只要符合价格歧视的一般条件即产品个性化、有差异，就可以运用价格歧视策略。差别化是运用歧视策略的主要特征，下面是企业针对差异化运用价格歧视策略的很好的例子。

同样服务的时间段上的价格差异。这是对商品按不同时间段定价。

如某网球馆在周一至周五的上午8：00—10：00为早练时段，按照5元/小时收费；10：00—19：00为休闲时段，按照8元

/小时收费；19：00以后以及周末为娱乐时段，按照15元/小时收费。电影院白天票价和夜场票价的差别以及供电局的电费在夜晚和白天的差别、冬季和夏季的差别，都是利用时间段差异化定价的典型例子。

此外，很多商家习惯利用发行代金券或者优惠券的方式实现增值销售的目的。优惠券可以人为地制定群体差异化。

例如，一家礼品公司为学生送出优惠券，并规定该优惠券与学生证一起使用才有效，每张优惠券可以提供7折的优惠。这样就把学生群体与其他群体区分开来。又如，一家瓜子公司在媒体广告中宣称，剪下广告中的优惠券，在购买时可以当作2元钱使用。该公司并没有直接降价2块钱，而使用这种策略是为把顾客分成价格敏感型和不敏感型两组不同的消费群体，价格敏感型的顾客一般是学生或者老人群体，会在购物时使用优惠券；而另一些人，如高级白领、私营企业主等对这些优惠不屑一顾，就只原价购买。如此做法，实际上对那些价格敏感型的顾客索取比其他顾客较低的价格。

“价格歧视”的前提是市场分割。如果生产者不能分割市场，就只能实行一个价格。如果生产者能够分割市场，区别顾客，而且分割的不同市场具有明显不同的支付能力和需求度，这样企业就可以对不同的群体实行不同的商品价格，尽最大的可能实现企业较高的商业利润。当然，商家能够这样做的前提是，他能够把顾客加以准确地“识别”。因此，当一个独立行医的医生在家里给病人看病时总要问三问四，例如“你平时是不是经常到饭店吃饭呀？”“你经常进行健身活动吗？是不是经常出去旅行？”“你平时都喝什么酒呀？”不要以为他只是在关心你的饮食起居，其实他还在“侦察”你的经济实力，以便在报价的时候使他的“价格歧视”有所依据。

了解价格歧视会使我们看清许多经济现象的本质，对我们的日常生活会有很大的帮助。

色彩的影响力——高科技企业为什么喜欢用蓝色

在商界，你也许已经注意到这样的现象：很多高科技企业都喜欢采用蓝色作为企业形象的主色调，无论是办公场所、生产车间，还是产品包装、品牌发布，似乎都大体统一在蓝色之下。那么，为何高科技企业喜欢选用蓝色呢？这就涉及商业中的色彩学。

爱美之心，人皆有之。喜欢、追求商品的欣赏价值和艺术价值，在中青年女士和文艺界人士中较为多见，在经济发达国家的客户中较为普遍。他们在选择商品时，特别注重商品本身的造型美、色彩美，注重商品对人体的美化作用、对环境的装饰作用，以便达到艺术欣赏和精神享受的目的。

人类对于色彩的感觉源于对大自然具体事物的联系。蓝色使人联想到夜空和宇宙，所以有神秘感和科技感。就如同红色让人感觉热情、奔放，是源于人类常把红色和火焰联系起来。

而蓝色又是永恒的象征，是最冷的色彩。经常穿着蓝色衣服的人，往往沉稳、理智、坚毅并富有韧性，凡事都会缜密思考，比较容易成就事业。相对喜欢安静，善于控制感情，有责任心，判断力强，富有见识；但个性也比较固执，不达目的决不罢休。

他们可能不擅长交际，通常只和志同道合的朋友组成一个小团体，或者自立门户，独自享受心灵的宁静。也因其能力强，更容易固执己见，常常坚持自己的看法，没有充分绝对的理由难以劝说动他们。

和这样的人交往，应该顺其自然，理性对待，真心相处，心灵的碰撞、志趣的相投更为重要，整天黏着他们，反而会让他们不舒服，唯恐躲避不及。他们崇尚理性、冷静和智慧，如果你和他们交往，一定要在这些方面下番功夫。

掌握衣着色彩语言将会为你更加准确地看透对方，有针对性地与之结交增加一个更大的砝码。我们也可以从别人对颜色的喜好上轻松识人。

人们在选购一件大衣或一部跑车时，面对价钱相当的两项选择，有些人会以颜色作为优先考虑因素，另一些人则较为重视造型。

根据研究，这两类人在性格上有颇大的差异。较注重色彩的人，他们具有外向气质，活跃于各个场合中。是属于容易冲动、重感情的人。他们深富魅力，有公关、交际手腕，热情洋溢，讲求享受，重视社交生活。

注意形状的人，则与前者完全相反，是内向、害羞、不擅长社交能力的人。喜欢关起门来独自思索，坚持自己的原则，敏感、纤细，在众人面前常会手足无措。上街选购东西，只要形状合他们心意，不管红的、白的、黑的，他们都较不在乎。

看的动作不是在眼睛，而是在脑部产生。眼睛，不过是收集光线而已。艾克曼在《感官之旅》中提到，我们对色彩的感觉是相对的，而非绝对的，依时间、光源、文化、语言甚至大脑的结构而扰动不已。例如，有些民族没有言辞形容绿色，只能用暗或亮来形容；爱斯基摩人有几十种关于白色的形容……色彩在我们心中引起的情感与记忆，影响我们如何看世界。不过，大部分的人类对于红色、蓝色、黄色等颜色的心理感受，意见却相当一致。

心理学家指出，人们绝少同时意识到颜色及形状。有些人会先注意到颜色，对色彩感觉敏锐；另外一些人则容易被形状、构图、线条吸引。这个心理上的“选择”原则被我们广泛应用在日常生活上。

偏好红色的人

性格活泼、大胆、新潮，对流行资讯感应敏锐，是容易感情用事的人。有强烈的感情需求，希望获得伴侣慰藉。缺点是：浮夸、吹嘘，注重外表修饰，有追求物质欲望的倾向。

偏好绿色的人

为人严谨、守本分，做事稳重，是值得信任的坚实派人物。感性方面较缺乏，经常不苟言笑，有耐性及实践能力，坚忍、认真，凡事按部就班，金钱使用也颇有规划性，能在稳定中发展事业。

偏好黄色的人

个性积极，喜爱冒险，乐观、爽朗，喜欢结交朋友，是达观、乐天的社交派人物。如果是女性的话，对爱情积极、主动，与异性交谈常用嗲声嗲气的语气，非常懂得善用撒娇的好处。

偏好蓝色的人

态度明朗、诚实，处事方式偏向中庸，既不躁进也不退缩，做事颇富弹性，具回旋空间。

偏好紫色的人

谨言慎行，喜怒不形于色，属于大内高手型。许多内心的想法都深藏着，不愿表达出来。姿态优雅，富神秘气质，不善于交际手腕，给人冷漠、高傲的印象。喜欢思索，很会压抑、控制自己的情感。

偏好黑色的人

个性与偏好紫色的人略为相似，但心态上更为阴郁些，孤独、自闭，希望保有独特的空间。

偏好白色的人

个性爽朗直接、单纯，任何一个人只要穿上白色的衣服，都给人一种洁净、清新的印象。喜欢白色的人向往单纯、柏拉图式的生活，有隐藏本性的倾向。

偏好灰色的人

缺乏毅力，性格怯懦、胆小，凡事依赖他人，没有自己的主见，耳根子软，容易受别人影响，改变已经决定或承诺的事情。

品牌的影响力——为何暗示语能吸引消费者的关注

品牌建设专家保罗·泰伯勒说："品牌与顾客建立关系，如同两个人交朋友，遵循着人类心理学的基本原理。"任何一种商品，其名字、形状、颜色等均具有一定的暗示性作用。

"2015年'苹果'市值高达7500亿美元，是马来西亚GDP年产量的三倍。在我看来，'苹果'是一个真真正正的'品牌灵魂公司'，因为它只有一栋房子、五六样不同的产品。而且'苹果'的产品从功能上来说不一定比它的竞争对手好，但'苹果'抓住了客户的心。成功的大品牌是顾客的终身伴侣，顾客只要进了这个品牌的大门，就会一直离不开它。"

品牌建设专家、牛津大学博士保罗·泰伯勒（Paul Temporal）在接受《世界经理人》记者采访时，道出了成就一个大品牌的秘密，即品牌与顾客建立关系，如同两个人交朋友，遵循着人类心理学的基本原理：相互认知——交换信息——彼此尊重——发展友谊——互相信任——形成忠诚——成为终身伴侣。这个简单的心理学原理把品牌与顾客的关系从认知拉升到终身伴侣，为世界众多顶级公司所践行。

一般来讲，顾客会对某一种特定品牌产生忠诚性，始终如一地购买此产品。另外，顾客会购买某一特定企业（商店）里的产品，对此企业（商店）产生忠诚性，总是到这家商店买东西。这是为什么呢？这就牵扯到购买动机了。顾客总是喜欢购买某一种特定产品称为"商品动机"；顾客总是光顾某一特定的商店称为"爱顾动机"。

这是指按照消费者个人对品牌偏好的定向购买行为。这类购买行为较少受广告宣传和时尚的影响，其需求的形成，多是由于长期使用某种特定品牌的商品而使消费者产生了信赖感，从而按习惯重复购买。所以，这种购买行为实际上是一种“认牌型”购买。

这是任何企业都必须回答的问题：在商海中拼搏，靠什么获取优势？答案无非是两个：要么在质量上竞争，要么在成本上竞争。

要开发与众不同的产品，企业常常陷入高成本、高投入、高定价、低销量的恶性循环；而低成本策略常常导致价格战和低利润，同类企业拼得你死我活，头破血流。品牌和服务变得越来越相似，人们越来越基于价格做出选择。这就是“红海”——血腥、残酷。为了竞争优势和市场份额，企业在“肉搏”。同时，企业的获利性增长的空间越来越小。生存都不容易，要发展壮大就更难了。

众所周知，杜蕾斯是全球知名的两性健康品牌，在国内几乎是“避孕套”的代名词，在成年人中有着极高的声誉和评价。那么它为何如此受到消费者追捧和欢迎？我们抛开产品自身等因素不谈，全在地其独到的品牌宣传。

无论是社会上哪个热点，杜蕾斯总能紧跟时代脉搏，能够根据热门实事，热门微博、人物，在热度尚未褪去之时借势传播，抓住每一个宣传品牌的机会，并在文案上大做文章。正是这些既能吸引人眼球又不过于直白的关于两性的文字，使人们对“性”这个敏感话题变得不再敏感，甚至从内心里开始接受和接纳。杜蕾斯还经常根据避孕套的形状、形态设计出很多独特创意的图片，方便二次传播，最后，杜蕾斯充分利用了成人用品本身所具备的独特属性，开发出许多令人难忘的品牌暗示语，比如“想和你白天晚上一起运动，不知你有没有空”“每个人的爱都与众不同，有深度的女人总有自己独特的品位”“沉溺地、紧紧地、深深地，吃你”……这些文字既能撩拨人的心弦，又让人觉得并不过火。使其可以有很多无下限但又让人不觉低俗。人们能够过目不忘，似乎是水到渠成的事了。

注重商标设计、结合产品特点的品牌宣传、用真诚、深厚的情感去打动消费者、吸引消费者，让人们情不自禁地喜欢、接受你的品牌是一个品牌变成名牌的首要条件。

品牌宣传固然重要，品牌暗示语的影响力更不可小觑。

广告的影响力——为什么促销能引来大批消费者

我们经常看到此类广告：本店清仓大甩卖，商品一律四折！往往这类广告一发出，就会引来大批的消费者争相抢购。这是为什么呢？我们都知道商家的目标是盈利，所以商场也好，酒店也罢，都不可能免费为你提供商品和服务，免费的午餐是不可能存在的。可是，却依然有大批的消费者趋之若鹜。

也许有人会提出反对意见，很多酒吧里花生米是免费的。可是你注意到没有，花生米可随意索要，饮用品则贵得很，连一杯清水都要好几块钱。按常理，花生的生产成本要比水高，酒吧为什么要这么做呢?

理解这种做法的关键在于，弄明白水和花生米对这些酒吧的核心产品——酒精饮料——的需求量会造成什么样的影响。花生和酒是互补的，花生吃多了，会有干渴感，要点的酒和饮料也就多了。相对于酒和饮料的利润来说，花生是极其便宜的。多吃花生米能带动酒和饮料的消费，而酒吧主要靠酒和饮料来赚取高额利润，所以，免费供应花生米只是为了提高酒吧利润而已。

反之，水和酒是不相容的。水喝得多了，要点的酒类自然少了。所以，即使水的成本很低，酒吧也会给它定个高价，减弱顾客的消费积极性。

免费的花生米实际上是引导顾客多消费酒水而已。酒吧的做法正是应了那句——世上没有免费的午餐。

去美国参观旅游过的大多数人都知道，位于华盛顿的国家美术馆是免费对游人开放的。这么说，是不是国外就有免费的午餐呢？其实不然，华盛顿的国家美术馆一楼是展览大厅，楼下是画廊，有出售画家作品的，还有出售美术期刊、画册、图书、工艺品的。最多的是出售世界名画仿制品和印刷品的，一楼每一幅展出的名画在楼下都能找到其仿制品和印刷品，两者的价格相差悬殊。例如，一楼展出的凡·高名画《向日葵》，其标价是几百万美元，而楼下出售的仿制品却只卖20美元，印刷品更是便宜，几美元就能买到。面对如此大的差价，人们对仿制品和印刷品的购买欲望怎能不强烈?

试想，如果国家美术馆收门票，前来参观的人肯定会少很多，楼下买仿制品和工艺品的人也将随之减少，售出的商品也会减少，楼下的铺位对外出租的价格就会降低。如此一来，门票收入可能还不及铺位对外租金的减少。所以，虽然从表面上看，国家美术馆没有收门票，是赔钱的买卖，其实暗地里他们早已通过高额的铺位租金费把比门票更多的钱赚到了口袋里。

如此看来，作为一个消费者、一个经济人，不能只片面地追求利益最大化，面对商家免费午餐的诱惑，我们应该清醒地提醒自己“天底下没有免费的午餐”，精明的商家是不会让你轻易捡便宜的。

TCL为了打造“国产手机第一品牌”的国际化形象，斥巨资1 000万元聘请“韩国第一美女”金喜善，并力邀国际级导演张艺谋担纲广告片的拍摄。金喜善美丽、高贵、大方，符合产品本身的特质，同时她的国际化背景和对中国年轻时尚群体的巨大感召力也是TCL品牌可以搭便车的重要因素。在金喜善出演的TCL手机品牌形象的广告中没有一句台词，金喜善只是利用自己的肢体语言和表情表达出她对TCL手机的喜爱和信赖。这部广告片在中央电视台的黄金时段进行了投放，取得了很好的传播效果，TCL手机“中国手机新形象”的传播语传遍全国。应该说，邀请金喜善的策略对于迅速打响TCL手机品牌是正确而有效的。

还有许多企业，看到市场上的龙头企业推出了新的产品而风靡一时，便立刻模仿跟进，也是一种搭便车的小猪策略，让大猪花费前期的研究开发、市场推广等费用，等市场前景明朗了，自己再跟进就有稳定的收益了。

会员卡的陆续出现，就像商场经常发放的优惠券。表面上看来，它们是商家让利给消费者。事实果真如此吗？

商家发放优惠券，最容易想到的解释是：吸引更多的顾客，扩大销售量。但如果是这样的目的，那不如直接降价。正确的解释是：商家借此进行“价格歧视”。

一般说来，价格歧视是指企业在销售一种商品时，对不同消费者索取不同的价格，或根据消费者购买数量的不同索取不同的价格。赚取更多利润的利益驱动，是商家实行“价格歧视”的根本原因。

从市场需求来看，价格越高，需求量就越小；价格越低，需求量就越大。从商家定价来看，如果把价格定得过低，虽能卖出大量的产品，但由于每件产品所赚取的利润小，总的利润会较低；反过来，如果把价格定得过高，虽然每件产品所赚取的利润大，可是能卖出的产品总数很少，总的利润还是不高。

事实上，商家定价的决定因素是“总利润”，而不是“价格”的高低。商家必须锁定具体的顾客，根据顾客的需求以及其对产品价格的敏感程度，寻找一个恰当的价格水平，让总利润达到最大。

只要人们心甘情愿地掏腰包，就说明广告具有了极大的影响力。不是吗？

产品设计的影响力——人性化设计为何招客户喜欢

产品品牌是用产品的包装去做视觉展示，而企业品牌是通过企业的LOGO（品牌标识）被人识别。为何有的产品，一看到其包装设计就让人过目不忘，而有的产品，即使在眼前晃动几遍，也依然没留下很深的印象？这就是不同产品产生的不同的影响力。

企业品牌的视觉识别要有理念、行为，其实在包装上也能体现企业的产品品质、企业的理念和行为。这两个品牌的概念我们往往把它趋同化，结果工业产品往往给它做了一个产品品牌，而消费品给它做了一个企业品牌，造成企业品牌塑造行为的混乱。

所以根据不同的对象、不同的处境和当时场景进行包装设计，将会取得预想不到的营销效果。比如农夫山泉就打出“一瓶水，一分钱”的口号，承诺销售一瓶农夫山泉就捐献一分钱给希望工程。这获得了大众对农夫山泉品牌的认可，也得到了政府的支持，所以在短短的时间内就成为天然水类别中的第一品牌。

情感化的包装设计会让消费者在最初面对产品时就有一种眼前一亮的感觉，因此其销售的几率自然会增加不少，同时在最终给人们留下的产品形象里，也会加分不少。

在情感营销中，最重要的是在设计中加入情感的因素，针对产品所面对的不同消费者，融入符合各消费人群的情感需求，才能抓住消费者的心理，进而打动消费者，增强消费者的购买欲及购买的几率，在最后作决断的时候增大消费者的购买力，从而扩大消费人群，增加产品的销量。由此可见，在产品的营销过程中，产品设计是第一环节，也是很重要的一个环节，设计成功与否，直接关系产品的营销效果。

可口可乐是闻名世界的大品牌，其外包装玻璃瓶以优美的曲线形态为世界各地的人们所熟知。事实上，早期的可口可乐包装，由于不断地被人仿冒而倍受困扰。直到1900年，公司才下定决心重新对外包装进行设计，但是一直没有令人满意的方案。可口可乐公司在1913年的创意概念记录中这样写道："可口可乐的瓶型，必须做到即使是在黑暗中，仅凭手的触摸就可认出来。白天即使仅仅看到瓶的一个局部，也要让人马上知道这是可口可乐的瓶。"正是本着这一设计理念，具有优美曲线的瓶型终于被亚历山大·山姆森设计出来了。

事情的经过是这样的。有一天，亚历山大·山姆森约会结束后便突发灵感，他根据女友约会时穿着裙子的形象设计出一款玻璃瓶的方案。初步方案确定后，他坚信这就是他想要的设计。于是，在初稿的基础上他进行了无数次的反复修改，不仅将瓶子方案设计得十分美观，更像一位亭亭玉立的少女。瓶形确定了，接下来他要考虑的是瓶子的容量问题。于是他把瓶子的容量设计成刚好一杯水的大小。瓶子试制出来之后，获得大众的交口称赞。有经营意识的亚历山大·山姆森立即到专利局申请了专利。

当时可口可乐的决策者坎德勒在市场上看到了亚历山

大·山姆森设计的玻璃瓶后，认为非常适合作为可口可乐的玻璃瓶包装。便要将此设计专利买下。于是，经过一番讨价还价，最后可口可乐公司以600万美元的天价买下此项专利。要知道600万美元在100多年前，可是一项巨大的投资。

可口可乐之所以看中这款设计，其原因是瓶子不仅外形美观，而且使用非常安全，很容易握在手里且不容易滑落。更令人叫绝的是，瓶型的中下部采用扭纹型设计，就如同少女穿的条纹裙；瓶子的中段则圆润丰满，如同少女臀部的曲线。除此之外，瓶子的结构是中大下小，当它盛装可乐时，给人的第一感觉是分量很多，比较实惠。

事实证明，可口可乐公司的决策是正确的。自从采用亚历山大·山姆森设计的玻璃瓶作为可口可乐的包装后，可口可乐在全球的销量开始迅猛增长，在短短两年内，其销量整整翻了一倍。从此，这款包装的可口可乐不仅畅销美国，而且迅速风靡世界。

众所周知，可口可乐的这种造型的192ml容量的玻璃瓶，直到今日仍在使用，它不但造型优美，也给消费者带来很强的心理暗示作用。

对此，可口可乐公司曾专门做过一次大规模的调查。调查结果显示，许多消费者都认为这种玻璃瓶，会使人觉得这种饮料具有极好的口感。

可见，一个产品的销量如何，与其包装的设计是紧密相关的。

文案的影响力——标题党是怎样吸引你眼球的

文案，简言之就是文字方案，就是以文字来表现已经制定的创意策略。文案是一个与广告创意先后相继的过程。一份好的文案将给企业带来数目可观的销量。

随着网络的普及，各种标题党横空出世，尤其是一些商家公众号适时推出的推广链接，可谓充斥了网络和手机的角角落角。他们总是以个别词汇或字眼吸引人们的眼球，以激发人们的购买欲望。

雀巢奶粉是众所周知的品牌，其一份在母亲节的促销文案就很好地将情感与商品完美地结合起来。

人们在购买雀巢产品的家庭在母亲节时，都会收到一份礼物，是雀巢公司以婴儿的名义寄给母亲的一束玫瑰和一张小卡片：母亲节快乐！妈咪，我是多么爱你啊！虽然我不知道怎么写字，但是我已经拜托小雀巢泰迪熊帮我寄这张卡片给您，您是全世界最美的妈咪！为此，雀巢公司常收到母亲们对这份礼物感到兴奋与喜悦的信函。顾客不仅是来购买商品的，而且还是买态度、买感情，送一张小卡片，传达的是商家对客户的感激之情，礼轻情义重，最终一定会收到“投之以李，报之以桃”的效果。雀巢产品的这一策略，不仅提高了产品的销量，而且增进了产品的亲和力，拉近了厂家和消费者之间的关系，最重要的是让消费者不仅买到了满意的商品，而且还买到了最重要的“情感”！

礼尚往来，是人际交往的准则。在营销中，以“礼”服人，将其作为与顾客联系情感的纽带，不失为上策。雀巢的母亲节礼物，打的正是情感牌。

商业礼品，美国人称之为特种广告，是广告促销功能的扩展。许多公司把赠送礼品视为对客户的厚爱，表示感谢的一种交往方式，能达到感谢顾客的目的，与此同时又巩固和加强了公司与客户之间已有的良好关系。大公司的广告部及公关部认为选择赠送礼品的时间是另一个重要的方面。佛罗里达大学的调查显示，对大多数公司来说，选择圣诞节仍然是最流行的做法，但也有选择其他时间的，如公司成立周年纪念、感恩节和个人的生日等。在我国，可以根据本国的国情灵活应用。有些公司在面对面的场合亲自把礼品赠送给客户，如在展销会上、参观工厂时，以及订货会上。美国匹兹堡制造公司的发言人说：我们把不锈钢钢笔作为礼品赠送，笔上刻有公司的标识，这将使客户永远记住我们的公司，他们为随身带着这样一只高质量的钢笔而自豪。

大量留白的版面，让读者费眼神去找旮旯角的文案。“10年城”这款报广投放在火力最集中的周四周五，且版面是靠后的普通位置。这样做好处是借力打力——读者视觉被五颜六色广告轰炸后，翻到“消失的广告”，瞬间会对留白产生好感并形成强效记忆。

很多人依然记得这份地产广告文案——“10年城，正在消失。”整套文案推广的思考起源于对2009年4月重庆地产市场的预判：房交会、推盘量猛增、第二波需求集中释放……种种数据可以预见，4月重庆的街头巷尾，封底内页必将充斥着广告。

“10年城，正在消失”运用版面上的大量留白“出奇”制胜。

“10年城，正在消失。”仅仅是一句噱头式的无厘头推广语吗？仔细阅读文案可以发现，报广背后有着操盘手对城市规划、项目价值挖掘、产品定位细分的深刻理解。一直以来，由于产品研发能力过于突出，每个产品皆能给市场以耳目一新的冲击，项目线反而被忽略了，操盘手没有给现场销售人员“留话说”，因为线上将产品卖点已经和盘托出。

玉石大道要动工了，10年城与新牌坊的距离消失了——借势城市发展；

北部新区五大公园花开了，10年城与春天的时差消失了——项目利好；

3000㎡重百超市签约了，10年城与热闹的隔膜消失了——项目线与产品线利益点；

与“消失的版面”相对应的，是以上三个“消失”。这三个“消失”才是创意本身想表现的主题。

这份地产文案巧妙地运用标题的力量，引起大众的注意，探求“消失”的原因。进而，开始自觉地了解项目。

用文字的力量抓住人心，这就是广告文案的独特力量。

秒杀的影响力——饥饿营销是如何达到销售目的的

随着网络销售平台的普及以及人们对网购的热情不减，“秒杀”已成为网购平台时常用到的促销方式，成为各大网商常用促销手段之一，也深受买家的喜爱。一些商家适时地推出饥饿营销法，也能取得很好的销售效果。原因何在呢?

秒杀原是电脑游戏中的名词，现已延伸到网络购物。所谓“秒杀”，就是网络卖家发布一些超低价格的商品，所有买家在同一时间网上抢购的一种销售方式。由于商品价格低廉，往往一上架就被网购一族们抢购一空，有时抢购的整个过程只用短短一秒钟的时间。

那么，你对秒杀到底了解多少呢？秒杀主要分为几下几种。

1. 常规秒杀。即跟正常的购物流程一样，秒杀开始之后第一时间抢购、填写收货等信息，直至完成支付，即为秒杀成功。

2. 答题秒杀。即秒杀开始之后要先回答指定的问题，答题正确后才能够接着下一步的操作：即填写（选择）收货等信息，直至完成支付，即为秒杀成功。

3. 验证码秒杀。即秒杀开始后抢购时必须首先输入网页上显示的验证码，填写正确验证码之后才能进行下一步的操作流程，直至完成支付，即为秒杀成功。

一、揭开秒杀的面纱

所有在购物网站发布“秒杀”产品的商家无非有两种目的。

一是秒杀价格低到与商品本身的价值已经没有任何关系。比如：一元钱秒杀手机。其秒杀的本质已经不是购买手机，而是为了宣传本次活动而进行的炒作，借以达到商家的宣传目的，商品其实就是商家付出的广告费。这种手段被很多电商巨头、B2C企业、Eshop网上商城所利用。

二是利用网民对“秒杀”的认识，通过销售大师商品，牟取暴利。网民很容易受到秒杀营销的影响，认为秒杀的商品都很便宜。事实上，一部分商家正是抓住了网民的这种心理，才对商品进行秒杀、包装，以漂亮的美图配上走心的文字，吸引人们参与秒杀，从而赢得利益。

二、秒杀的技巧

由于所有参与“秒杀”的产品都是以比正常价格低得多的价格出现，因此数以百万计的网购一族每到“秒杀”时段就会守在电脑前不断地点击和刷新，进行抢拍活动，生怕错过天赐良机。一旦手慢了，参与“秒杀”的商品就会拍完下架。那么，如何保证秒杀顺利进行呢？

首先，你要确保较高的电脑配置和足够快的网速。同时，尽量使用快速的浏览器。

接下来就是争分夺秒。有可能在一瞬间，就会与宝贝失之交臂。因此，看准想要的宝贝，记下确切的开始时间，提前登录网店。以便在开拍前确认自己是处于登录状态，以及支付宝里有充裕的余额。

还有一点买家需要注意，无论是哪种秒抢活动，不要以为秒抢下来，宝贝是否属于你，最终还是要以支付为准。

三、饥饿营销

我们先来看一个故事。

“二战”期间，一位印度老人拿了三幅名画去市场上卖，这三幅画均出自名画家之手。恰好被一位美国画商看中，这位美国人自以为很聪明，他认定：既然这三幅画都是珍品，必有收藏价值，假如买下这三幅画，经过一段时期的收藏肯定会大大地涨价，那时自己一定会发一笔大财。于是，他问那位印度老人：“先生，你带来的画不错，如果我要买的话，你看要多少钱一幅？”

“你是三幅都买呢，还是只买一幅？”印度老人反问道。

“三幅都买怎么讲？只买一幅又怎么讲？”美国人开始算计了。他的如意算盘是先和印度老人敲定一幅画的价格，然后，按多买少算的原则，把其他两幅一同买下，那样肯定能占点儿便宜。

印度老人并没有直接回答他的问题，只是表情上略显难色。美国人却沉不住气了，他说：“那么，你开个价，一幅要多少钱？”

这位印度老人是一位地地道道的商业精，他知道自己画的价值。于是装作漫不经心的样子回答说：“先生，如果你真心诚意地买，我看三幅800美元吧！这够便宜的！”

美国画商并非商场上的庸手，他抓住多买少算的砝码，一美元也不想多出，于是，两个人讨价还价，谈判一下陷入了僵局。

那位印度老人灵机一动，拿起一幅画就往外走，到了外面二话不说就把画烧了。

美国人很是吃惊，他从来没有遇到过这样的对手，对于烧掉的一幅画又惋惜又心痛。于是小心翼翼地问印度老人剩下的两幅画卖多少钱！想不到印度老人要价的口气更是强硬，两幅画少了800美元不卖。

美国画商觉得太亏了，三幅画800美元，少了一幅画，还要800美元。于是，强忍着怨气还是拒绝，只是要求再便宜点。

想不到，那位印度老人又怒气冲冲地拿出一幅画烧了。这回，美国画商可真是大惊失色，只好乞求印度老人不要把最后一幅画烧掉，因为自己太爱这幅画了。接着又问这最后一幅画多少钱？

想不到印度老人张口还是800美元。这一回画商有点儿急了，问："三幅画与一幅画怎么能一样价钱呢？你这不是存心戏弄人吗？"

印度老人见这位美国画商还想讨价还价，便说："这三幅画出自知名画家之手，本来有三幅的时候，相对来说价值小点儿。如今，只剩下一幅，可以说是稀世珍宝，它的价值已经大大超过了三幅画都在的时候。要不要，现在涨价了，这幅画800美元不卖，最低得出价1000美元。不然我就等别人来买！"

这下，画商真的急了，生怕印度老人将第三幅画也烧掉，便一手按着画，一边说："1000美元，我买了！"

后来有人问印度老人，为什么要当着画商的面烧掉两幅画？老人说："物以稀为贵。美国人有个习惯，喜欢收藏古董名画，他要是看上，是不会轻易放弃的，肯定会出高价买下。

并且他从美国人的眼神中看出，这个美国人已经看上了自己的画，心中就有底儿了。所以我当面烧掉两幅画，留下一幅卖高价呀！”

这个故事是典型的以稀为贵的营销方式，以稀为贵是一种营销技巧。限量销售就是物以稀为贵销售法的延伸。物以稀为贵，紧俏的东西总是容易受到消费者的追捧，所以限量版正是利用客户的这种心理。限量版的设计与后来的宣传，是一种从产品到营销的过程，说明优秀的产品其实本身也是一种营销。

在名车领域，限量版就是品牌的“身份证”，是顶级豪车的代名词，因而很容易引起人们的关注。比如“2005上海国际车展”上，宾利一款价值上千万元人民币的限量版雅致728就吸引了众多参展者的眼球。

在车市中使用饥饿销售法好处多多，特别适合中国人的消费心理。通过供不应求的局面树立品牌受追捧的形象打击竞争对手。同时，通过这种销售方法可以掩盖产品不足带来的诸多问题，也能以有限的产品抢占更多的市场份额实现利润最大化。

在鞋业领域，限量版也成为商家亮牌的新创意。有一家企业曾经推出一款运动鞋，在全球范围内引起了时尚爱好者的关注，因为这种配有刺绣的运动鞋属于限量版产品，在全球仅有20双。这让人感觉到物以稀为贵，有很强的好奇心，这是在卖鞋吗？

在浙江温州，有一家走向世界的鞋业集团，它从2007年起，在全球推出数量仅限2999双的春季女士鞋，“限量版”的首要特点是以其少来显示“尊贵”。

这家鞋业集团察觉到现代都市女性的内心剧变：一方面，她们在挑选鞋子时，不再只看重价格与外表，更希望代表当今最前卫的时尚潮流；另一方面，都市女性在职场中承受着比男性更为沉重的压力，她们渴望以更能体现自信精神的服饰来装饰自己。

这家鞋业集团生产的春季女鞋只有2999双，数量稀有，价值非凡，共有两大系列、三个款式。售价与普通女鞋明显拉开距离。限量版女鞋系列以纪念版鞋盒包装，并配以全国统一编号，并随鞋赠送尊贵纪念卡，持有该卡无疑是一种尊贵身份的象征。

根据20/80定律，限量版就是赢利较强的那种20%的产品，同时商家推出限量版，无疑也是树立一个视点，提高品牌的知名度。

限量版对于供过于求的行业会带来一种与众不同的消费，用得恰当，对提升企业品牌具有独到的作用。

第四章

掌控你的对手：轻松影响他人的沟通法则

生活中，我们不是被人掌控，就是掌控别人。这是人类自身的特性决定的。人类是个巨大的社会团体，在这一团体中有各色各样的、不同阶级、不同层次的人。每时每刻，人们都不可避免地与他人发生沟通和交流，有的甚至是与人棋逢对手。

为什么有的人能左右逢源、进退自如？为什么有的人却止步不前处处受人钳制？归其原因，还是个人的影响力大小不同。本章结合工作、生活的实际，从上下级沟通、同事间沟通、亲子沟通、商务沟通等方面讲述沟通的技巧，让你学会在良好沟通中掌控对手，轻松影响他人。

避免直言——下属这样说，领导才有耐心听

与领导相处，最重要的一点就是懂得沟通。一个善于沟通的下属，总能把话说到领导的心里，得到领导的赏识。努力工作，加之聪明的沟通技巧，在职场上，想不得到领导的赏识都难。

有一位刚毕业的大学生分配到一所高校。一天他请个事假，那个月发工资的时候被扣了50元。他非常愤愤不平，明明有的讲师上课迟到、早退都没事。他只不过请了假就被扣了50元。下一个月发工资的时候要到了，那天他走进了校长的办公室。拿一个本子，往桌上一扔说："校长你看。"校长拿那本子一翻，上面写着：某某人，早上三节课后，早退了。某某领导，开会后，没回来……

校长说："哦，原来有这事，那我们一定查清楚，给大家一个公道。"那位小伙子觉得终于出了一口气。可是后来，奇怪的事发生了，再也没人和他讲话了，大家都避着他。一年后他觉得实在待不下去了，转走了。

真正成熟的职场人是不会在领导面前直言相向的，他们有着成熟的心理，懂得调整心态来应对各种情况的出现，并把这种情况控制在别人心理可以承受的范围之内。

下面这个小故事相信会给你一定的启发。

"您好，"小李对老总说，"昨天我交给您的文件签了吗？"

老板转了转眼睛想了想，然后翻箱倒柜地在办公室里折腾了一番，最后他耸了耸肩，摊开两手无奈地说："对不起，我从未见过你的文件。"

如果是刚从学校毕业时的小李，他会义正词严地说："我看着您的秘书将文件摆在桌子上，您可能将它卷进废纸篓了！"可他现在不会这样说。他要的是老总的签字。于是他平静地说："那好吧，我回去找找那份文件。"

于是，小李下楼回到自己办公室，把电脑中的文件重新调出再次打印，当他再把文件放到老总面前时，老总连看都没看就签了字。这就是小李在与上司发生意见相左时的解决方式。

小李没有直言相向直接指出是领导的问题，而是想了一个妥善的办法，巧妙地化解了与领导间的尴尬。像这样的沟通方式，是值得很多职场新人学习和效仿的。

在工作中，如果每个职员都能像小李一样遇事多加思考，采取恰如其分的沟通方式，既可给领导留有足够的颜面，又可为自己的工作扫除障碍，工作自然会顺风顺水。

无论工作中还是生活中，我们经常面对意见分歧，经常遇到与自己想法不同的人。怀有分歧、心存反对的人无非就是在方向选择和对利益的认识上有所不同。尽管分歧乃至对立会使人们的关系变得紧张，但黄金准则在这时能帮上忙。那就是，你希望别人如何对待一个持不同意见的你，你就应该如何去对待那些持不同意见的别人。你只需记住：你的付出与收获，领导心中自有公平秤，你在此处付出得多一些，必定在彼处赢得更多。

在工作中，有的人充满信心，有的人谨小慎微。但不管怎样，突然受到来自上级的批评或训斥，都会造成很大的影响。如果你也正巧处在挨批的行列，首先应该端正态度，不要对领导的批评表现出“不服气”，你“不服”的倔强改变不了任何局面。

受到上级批评时，反复纠缠、争辩，希望弄个一清二楚，这是很没有必要的。没有人会无缘无故发脾气、批评别人，领导之所以批评你，自然是你犯了某种错误。而要处理得好，你就要坦诚接受领导的批评。

1. 搞清楚领导批评你什么。

2. 虚心接受领导的批评。

3. 不能对领导的批评满不在乎。

4. 不要把批评看得过重。

一个成熟的职场人士，对老板的旨意理解的要执行，不理解的就在执行中理解，而且在工作中不仅要处处听从领导的指挥，接受领导的批评，还要不露声色地维护老板的威严。给领导提建议时，多注意从正面有理有据地阐述你的见解。有民主要求，还要有民主素质，要懂得尊重他人意见，尊重领导意见。这样，他才会承认你的才干。

对领导个人的工作提建议时，尽可能谨慎一些，必须仔细研究领导的特点，研究他喜欢用什么方式接受下属的意见。大大咧咧的领导可用玩笑建议法，严肃的领导可用书面建议法，自尊心强的领导可用个别建议法，喜赞扬的领导可用寓建议于褒奖之中法，等等。

直接表达反对性意见会激起领导的不良情绪，挫伤领导的自尊和脸面，造成不必要的冲突和摩擦；而间接性的手段则会为领导接受你的意见提供一个平和的环境。迂回地表达反对性意见，可避免直接的冲撞，减少摩擦，使领导更愿意考虑你的观点，而不被情绪所左右。

上下级的交往和相处是社交中很重要的部分。作为下级，不仅要服从上司的管理和调遣，还要注意学会与上司融洽相处。不懂的问题要虚心向领导请教，与领导交谈时，不可锋芒毕露。

与领导相处，重在认清自己的位置。尊重领导，维护领导的自尊，学会替领导解围，不抢领导的光芒等细节，是下属与领导相处要牢记的职场规则。

体恤关怀——领导这样说，下属才会言听计行

哈佛大学教授柯利斯·阿格利斯说：擅长于沟通的管理者，也可能擅长于掩饰真正的问题。中国式管理大师曾仕强也说：以不变应万变是管理的最高智慧，不要因误解而放弃。可

见，企业是否发展，管理者是多么重要。

一、向员工敞开心灵的门

美国惠普公司驰名世界，他们的管理之道是，向员工敞开心灵的门。惠普公司创造了一种独特的“周游式管理办法”，鼓励部门负责人深入基层，直接接触广大员工。

为此，惠普公司的办公室布局采用美国少见的“敞开式大房间”，即全体人员都在一间敞厅中办公，各部门之间只有矮屏分隔，除少量会议室、会客室外，无论哪级领导都不设单独的办公室，同时不称头衔，即使对董事长也直呼其名。这样有利于上下左右通气，创造无拘束和合作的气氛。

不要在工作中人为地设置屏障分隔。敞开办公室的门，制造平等的气氛，同时也敞开了彼此合作与心灵沟通的门。

二、置身事外，提高管理的权威

春秋战国时期，韩、赵两国发生战争，双方都派使者到魏国借兵，但魏文侯一口拒绝了。

两国使者没有完成任务，怏怏而归。当他们回国后，才知道魏文侯已分别派使者前来调停，劝告双方平息战火。韩、赵两国国君感激魏文侯化干戈为玉帛的情谊，都来向魏文侯致谢。韩、赵两国力量相仿，都不可能单独打败对方，因此都想借助强国魏国的力量。在这种情形下，魏国的行动直接关系到韩赵之战的胜负。魏文侯没有去介入两国之争，以第三者公平的立场加以调停，战争变成了和平，从而使魏国取得了三国关系中的主导地位。

当双方相争时，第三者越是不介入，其地位越是重要，当他以置身事外的态度进行仲裁时，更能显示其权威性。学会了置身事外，你的管理水平当然就上升到了一个更高的档次。

三、向下询问，重视员工的智慧心声

传说，在我国上古时代，黄帝带领六位随从到贝茨山见大傀，在半途上迷路了。他们巧遇一位放牛的牧童。

黄帝上前问道："小孩，贝茨山要往哪个方向走，你知道吗？"

牧童说："知道呀！"于是便指点他们路向。

黄帝又问："你知道大傀住哪里吗？"

他说："知道啊！"

黄帝吃了一惊，便随口问道："看你年纪小小，好像什么事你都知道不少啊！"接着又问道，"你知道如何治国平天下吗？"

那牧童说："知道，就像我放牧的方法一样，只要把牛的劣性去除了，那一切就平定了呀！治天下不也是一样吗？"

黄帝听后，非常佩服：真是后生可畏，原以为他什么都不懂，却没想到这小孩从日常生活中得来的道理，就能理解治国平天下的方法。

可见，倾听下属员工的声音，向他们寻找改善公司管理的方法，保证底层员工有向上沟通的正常渠道，这些都是非常重要的管理之道。在管理沟通中，最忌讳的是领导人员总是摆出倚老卖老的样子，处处否定新人的创见。

四、让日常沟通起到意想不到的效果

松下幸之助有一个习惯，就是爱给员工写信述说所见所感。

有一天，松下正在美国出差，按照他的习惯，不管到哪个国家都要尽量在日本餐馆就餐。因为，他一看到穿和服的服务员，听到日本音乐，就是一种享受。这次他也毫无例外地去日本餐馆就餐。当他端起饭碗吃第一口饭的时候，大吃一惊，出了一身冷汗。因为，他居然吃到了在日本都没吃到过的好米饭。松下想，日本是吃米、产米的国家，美国是吃面包的国家，居然美国产的米比日本的还要好！此时他“立刻想到电视机，也许美国电视机现在已经超过我们，而我们还不知道，这是多么可怕的事情啊”！松下在信末告诫全体员工：“员工们，我们可要警惕啊！”

以上只是松下每月写给员工一封信中的一个内容，这种信通常是随工资袋一起发到员工手里的。员工们都习惯了，拿到工资袋不是先数钱，而是先看松下说了些什么。员工往往还把每月的这封信拿回家，念给家人听。在生动感人之处，员工的家人都不禁掉下泪来。

松下几十年如一日地每月给员工写信，而且专写这一个月自己周围的事和自己的感想。这也是《松下全集》的内容。松下就是用这种方式与员工沟通的。员工对记者说：“我们一年也许只和松下见一两次面，但总觉得，他就在我们中间。”

有一天，松下让他的助手带着所有百货商店的名片和他一起出去转一转，松下每到一个商店都要对上至老板，下至售货员表示谢意，并听取对方对产品的意见，并递上名片说：“我是松下，请多关照。我们渴望听到您的意见。”

当人们知道他是松下后，无不感动。这样做起到了很好的沟通作用。

可见，好的管理者都是以实际行动去与员工、顾客、家人做日常沟通。报告、会议、训示虽然也算沟通，但却不能感人肺腑。只有放下架子，用平等、真诚才能真正打开双方的隔膜，荣辱与共。

高绩效管理者的7个沟通技巧

1. 沟通阶段工作目标、任务完成情况。

应对照绩效考评表、岗位说明书和工作计划，就每项工作完成情况进行沟通，主管可以就岗位职责、各项指标的完成情况进行逐项讨论、确定。这主要是对员工过去一个阶段绩效考评结果交换看法，以寻求达成共识。

2. 沟通完成工作过程中的优良表现。

主要是挖掘下属工作中的闪光点，最好列出具体事例加以证明。这项沟通要求主管注意观察和发现员工在日常工作中表现出的优秀方面，及时给予表扬和奖励，以扩大正面行为带来的积极影响。要做到这一点，主管首先要发现员工身上的闪光点，如一些不是员工职责范围内的事情员工主动去完成，对待工作完成结果超出标准或预期很多等。但要注意不要表扬一些不值得表扬的行为，如员工应该做到的事情。其次要注意表扬一定要具体，表扬的内容要以事实为依据，态度要明确。

3. 指出需要改进的地方。

应针对具体问题，明确指出员工工作过程中哪些地方做得不到位，哪些地方还可以提高。请员工本人分析存在问题的原因，描述下一步该如何克服和改进，同时提出自己的建议。

4. 描述公司领导或他人对下属工作的看法和意见。

对正面的反馈，一定要及时告知员工具体表扬人和内容，并向员工为部门征得的荣誉表示感谢。对于负面的反馈，可以转述反馈的内容，根据不同情况（事实严重程度、员工个性特点等）确定是否需要说明反馈部门或人员。询问员工对反馈意见的看法，帮助制订改进措施，或和员工一起向有关部门解释原因，通报解决方案等。

5. 协助下属制订改进工作的计划。

帮助下属对需改进方面制订改进措施和行动计划，对实施过程中遇到的问题或需要的支持提供指导和帮助。

6. 下一阶段绩效工作目标、计划的制订和确认。

要点在于和员工一起讨论、确定工作目标、完成进度表和检查考核计划，让员工对完成的目标、阶段性目标、何时反馈等有明确的认识。

7. 鼓励下属讲真话。

有的员工之所以不敢讲真话，是缘于内心的恐惧。身为管理者，想要部属指出你的缺点和错误，首先得让他们确信自己不会被报复和惩罚，其次是要给他们勇气，还有就是作为主管的你，必须具有明辨是非的眼力和包容的胸怀。

如果管理者要想听到真话，就要开创一个让下属敢于讲真话的环境和氛围。这才是一个卓越团队的应有特征。

平等交流——同事间这样说，才能成为好搭档

社交场上，尤其是众人场合，人与人之间避免不了互相议论、评价，但是，对他人过多的议论和评价，并不受人欢迎。在办公室里，如果你热衷于和同事们三群两伙地谈论其他同事，很可能不久，你也会被其他同事所谈论和评价。

如果大家谈论的是你的某个优点或长处，评价的是你的某个能力或强项，那还好说，说明你在大家的心目中地位还是很强的，人缘还是不错的。但是，如果是你的某个缺点、某次蠢事被大家得知而正在爆料，那对你的影响可就是负面大于正面了。

办公室是个特殊的场合，同事是一个特殊的群体，与同事交谈，不能像和朋友交谈那样无所顾忌，直来直去，也不能像同家人那样可以任意地点评某人好、某人坏。相处久了的同事还要保持若即若离的距离，何况是初来乍到的新职员，所以在不十分了解同事们的背景情况下不要私自作评价，也不要议论是非。在不了解公司内情的时候，不要在同事面前议论和评价

公司。作为职场中人，一定要牢记同事间不应有的举动和不该说的话。

人人都不喜欢听议论之词，尤其是负面的议论和评价，即使议论的中心不是你自己。所以，当有人在你面前评价或议论另外的同事时，你可以不必认真，左耳进右耳出，不必就此话题深入挖掘。在遇到人们议论的场合，你也可以借故躲开，不参与讨论。

如果你是一个健谈的人，在与同事交谈时，话题又是以“人”为中心，这时你不妨在人面前多谈一谈某人的好话。在背后说某人的好话，要比背后议论或评价此人的“不好”，所带来的影响力绝对不同。

乔先生刚刚调入某局一个月，一个月来由于他处处小心做事，每每笑脸相迎，所以同事们对他的态度也颇为友善，竟不曾遇到他所担心的任何麻烦。一天，全科室的人决定一块儿去聚餐，也邀了乔先生。席间，大家有说有笑，无所不谈，其中有一名同事与乔先生最谈得来，几乎把局里的种种问题，以及科里每位同事的性格、缺点都尽诉无遗。乔先生一时受宠若惊，加之对局里的人事一无所知，确实很珍惜这样一位“知无不言，言无不尽”的同事，彼此显得相当投机，于是就开始放松自己的防卫，便将一个月来看到的不顺眼、不服气的人和事统统向这位同事倾诉而后快，甚至还批评了科里一两个同事的不是之处，借以发泄心中的闷气。不料由于对这位同事了解甚少，这位同事不出几日便将这些“恶言”转达给了其他同事，立刻令乔先生狼狈之极，也孤立之极，几乎在科里没了立足之地。这时乔先生才如梦初醒，后悔不该一时激动没管好自己的嘴巴。

交浅言深是与同事相处中最容易忽视的一个错误。你刚到一个新的工作环境，同事对你表示友善而欢迎的态度，大家一起出外午餐，有说有笑，无所不谈。但其中一名同事可能跟你最谈得来，乐意把公司的种种问题以及每一位同事的性格全部对你诉说。你本来对公司的人事一无所知，自然也很珍惜这样一位“知无不言，言无不尽”的同事，彼此谈得相当投机。你开始减低自己的防卫，看到什么不顺眼、不服气的事情，也与这位同事倾吐，甚至批评其他同事不是之处，借以发泄心中的闷气。

如果对方永远是你的忠心支持者，问题自然不大。但你了解这位同事有多少？要知道“来说是非者，便是是非人”。你怎么知道你与对方不过数月的交情，比他与其他同事的感情来得深厚？为这一时之快，你把不该说的说出来，对方手上便有了一张“王牌”，随时随地都可以把你曾批评过其他同事的话公之于众，那时你在公司还有立足之地吗？

同级的行政人员，常会聚在一起谈论公事。当某主管欲提升下属向你征询意见时，请三思而后言，因为你的表现可以反映你的形象。

如果你觉得这位职员十分突出，“他是个很好的助手”这类评语太空泛了，同事会认为你不够细心。应该列出一些特别例子以加强分量，这样才显出你的观察力过人。

例如说："他往往能说服一些固执的顾客去尝试一些新的交易形式。"将来这人在适当的职位上表现出色，那么你的声誉同样会提升。

要是你认为此人颇为能干，但有些方面仍不足时，可以有所保留地说："我跟他接触不多，不能妄断呀！"这样，你并没有说他不能任新职，但如果以后他表现叫人失望，也与你无关。

若你对此人根本没有好感，索性说："我不会推荐他！"但不必详加解释。总之，无论是你体验过的，或道听途说的，都不必再提。重点只是，你相信他不能胜任新职，所以不便推荐。

"祸从口出"，有时表现为不顾后果的颐指气使。有些人习惯了以"恶人"姿态出现。很多人对这类人会抱有戒心。或许，你曾见过这样的例子：某人在开会时，疾言厉色，令在场诸人包括老板都不敢多哼一声，结果他获得了全面的胜利。

这些例子多有其背后的因素，如他早已取得一定地位。在这件事情上，有绝对把握，加上其他人等本身完全没有支持力，才会有如此一面倒的情况。又或者，某些行业确实需要一定的"暴力"。一般的情况是，表现粗暴与否，除看环境外，这种表现，同时是在向人表示，你是失去了自我控制。同时，向老板、上司、同事们咆哮，是永远不会被原谅的，只会造成仇恨。还有，你永远没法知道将来自己会依靠哪一个人，因一时脾气而开罪人家，大有可能有"报应"！

“祸从口出”有时又表现为不负责的传播谣言或小道消息。办公室里，有人特别喜欢向你倾诉心事。可是，知道别人太多的私事，却不是好事。尤其是在办公室里，更有可能平白给自己惹来麻烦，甚至埋下定时炸弹。

同事间因为夹杂了利害关系、人事关系，今天的好搭档，明天却有可能变成对手。所以为了保护自己，最好别轻易将感情放到同事身上，只要合乎礼貌，一般的人情就可以了。下一回，当某同事向你诉苦，不妨改变一下态度。依然关心对方，但不要单独关心。若是对方找着你，你明知他有大量“苦水”，可以多邀一位同事一起去开导他。对方讲的是私事，倒不妨客观地给他分析，但提意见时请避重就轻。“我以为这件事不一定是好事，但我的意见并不全面，奉劝你重新将整件事分析，再决定对策。”若对方烦的是公事，那么你只宜当听众了，以免卷入无谓的漩涡。

在很多情况下，你只应该做个听众。如你的两位好同事由亲密恋人宣告各走各的路，而他俩又分别向你诉苦，数落对方的不是。本来，别人的情史跟你无关，但碍于同事一场，你是没有理由掩耳跑开的。其实，做个听众倒是不妨的。总之，保持距离乃是上上之策。不参加意见，也不费神去理解，对你有益无害。

口无遮拦，想说什么就说什么，只会给他人造成不快，让人觉得你不被信任。切勿对你并不太熟悉的人吐露心扉。适当地掩藏自己，保存神秘感是尤为必要的。

巧妙攻心——谈判时这样说，才能摆脱僵局

谈判时刻也离不开语言，唇枪舌剑胜过百万雄师。古今中外，多少能言善辩之士或口若悬河，力挽狂澜；或款款而语，潇洒自如；或坦率直言，语惊四座；或婉转含蓄，妙语生花。他们精妙的语言与敏捷的智慧融合在一起，往往取得意想不到的最佳效果。

在谈判中时常遇到谈不下去的情况，也就是说陷入僵局。这时，如果处理不好，就有可能真的把谈判推向了死胡同，相反，如果能恰当地应用某些策略和方法还是可以“起死回生”的。

一般情况下，打破僵局的艺术有以下几种。

1. 头脑冷静，切不可直言冲撞对方；

2. 运用“黑白脸”策略，更换谈判组成员；

3. 随机应变，从不同角度出发；

4. 转换话题，缓解紧张气氛；

5. 幽默以对；

6. 采取暂时休会的方式，使双方冷静头脑，整理思路；

7. 对双方已经达成一致的议题进行回顾性的总结，消除僵局所造成的沮丧情绪；

8. 脱离现场。

谈判是一种双赢、互惠互利的行为，正因为双方在利益上有共同点，也有分歧才会坐到谈判桌前，千万不要抱着非要置对方于死地的想法。更不能因为迫切地想获得谈判胜利而紧紧

压制对方，态度强硬，没有丝毫的缓冲余地。这样做反而会使自己输得更惨。

谈判中的常用沟通术

1. 合纵抗强法。

近现代外交谈判中，关于合纵抗强的谈判技巧和谋略的范例屡见不鲜。同样在现代经济谈判中，也可以应用合纵抗强的谈判策略。例如，中小企业和公司为了保全自己的经济利益，联合起来对抗力量强大的企业或公司，卖主或买主在某种特定的情况下团结起来，组成商会或行会共同对付强手，谈判者为了增加自己的议价力量，团结一切可以团结的力量，寻找各方面的伙伴或支援，等等，这些都可以视为合纵抗强的谈判技巧和方法的灵活应用。

无论你在谈判中遇到多么强而有力的对手，假如你能够充分利用联合的力量，利用支援和保护自己的技术性力量、财务性力量、政治性力量、纵向产生性力量、横向产生性力量、地理或方位性力量等，你就可以不屈服于强大谈判对手的压力，使谈判达到成功。即使是对方采用竞卖或竞买的方法，如果你可以利用合纵抗强的谈判技巧，把其他的竞争者从竞争对手变为联合的力量，你就能战胜对方，使谈判的进程按照你所预想的方向发展。

2. 分裂谈判法。

俗话说，堡垒最容易从内部攻破，面对强大的联合，最有效的打击办法就是争取让其内部发生破裂。然后再拉拢其成员加入到自己的阵营中来，以达到削弱敌人、各个击破的目的，从而实现其全部的谈判目的。

那么，如何才能使对方的堡垒破裂呢？这就需要你采取一定的策略和计策了。通常情况下，“敌人”的联合中必定有弱有强，要想攻破“敌人”的防线，最好是对“敌人”内部的弱者或者意志不坚定者进行拉拢。这些弱者往往因为畏惧强者，或者害怕被消灭而依附于某个强者，对他们来说保存自己是最重要的，其实他们也知道依附于一个强者，要处处看强者的脸色行事，自己丝毫没有主动权，最后还是要被强者吞并的，这只是暂时保存自己的方法。因此，如果要说服这些弱者退出他们的联合，最好的办法就是给他们分析当前的形势，使他们真正认识到自己的利益所在。

3. 攻心谈判法。

当谈判者坐到谈判桌前，心理必然会发生相应的心理变化。举止、表情、言行是这些心理变化和心理活动的外在反映。这些外在反映有时是不自觉的，有时可能是故作姿态，以掩盖其真实的目的。

任何一个谈判者在谈判活动中，都有维护自尊心的心理功能。对于一个谈判者来说，最严重的自我损伤莫过于不能维护其自尊心。这种自尊心一旦被破坏，心理上就会产生攻击效应，进而影响谈判和局。

在谈判中，谈判者即使有所失误，在心理上也总是在替自己辩护，通过似乎合理的途径，来使不利于自己的情势合理化。这就是一种文饰心理。例如，有个房屋买卖谈判，由于卖方说走了嘴，将价格底线泄露出来，立即丧失了继续讨价还价的能力。他虽懊悔不已，但在嘴上却向别人说："也许对方已经知道这种价格了。"谈判中如若出现了这种心理反应，聪明的谈判者总会顺水推舟，满足对方的这种需求，以获得皆大欢喜的谈判结局。

4. 针锋相对法。

谈判者针对对手的要害，以尖锐有力的论据揭露对方的言论或者行为实质，打消对方的嚣张气焰，使自己在谈判中处于有力的地位，进而达到战胜对方的目的。使用这种谈判技巧，也需要注意几个问题。首先，就是要有很强的针对性，要击中对方要害，如果你所列举的证据不具有针对性，不能切中要害，就谈不到针锋相对的问题，也就达不到阻止对方攻势，维护己方经济等利益的目的。其次，使用针锋相对的谈判技巧还要求提出的论据要尖锐有力，或摆事实，或讲道理，无可辩驳，方能站得住立场，居于有利地位。最后，使用针锋相对的技巧，还要注意谈判的性质和场合，以免弄巧成拙。

5. 以牙还牙法。

应用这种谈判技巧的关键就是对方用什么手段和方法对付我们，我们就用什么手段和方法来对付他们。如果对方抬高要价，你就提出更高的要求；如果对方搞欺诈，你也如法炮制；如果对方向你发出威胁，你也用威胁回敬他；如果对方拒不相让，你也固执己见；如果对方故意拖延，你也跟着他打持久战……

这种谈判技巧是在谈判双方充满竞争和对抗的情况下，用来对付对手的一种极端的谈判技巧和方法，具有明显的竞争性和对抗性，它是遏制对方进攻，扭转对方态度，改变对方谈判要求的强有力的技巧和方法。因此，它较能在充满竞争和对抗的谈判中发挥作用。但是，正因为如此，以牙还牙的谈判方法并不适用于那些较具有合作性的谈判。在具有高度合作性的谈判中，谈判参与者应该本着互惠互利的原则，相互谦让，以德报怨，使双方都成为谈判的胜利者。

6. 当仁不让法。

把人和问题分开，对人要软、要客气、要尊重，而对问题、对客观标注则要硬，在涉及原则性的问题上要当仁不让，寸利必争。

使用这种谈判技巧也有几个问题需要注意。①当仁不让的技巧是针对事件、针对谈判原则和内容的，而不是针对谈判的参与者的。②在谈判中要做到当仁不让，就必须持有充足的理由，而且保证你的理由能够充分说服对方。③使用当仁不让的谈判技巧和方法需要谈判者的意志和毅力。

7. 事实对抗法。

事实胜于雄辩，如果你要想在谈判中取得主动地位，击败对手，赢得谈判的胜利，最有效的武器莫过于事实——对己方有利，对对方不利的事实。只要你掌握了大量的这种事实，并用以作为你谈判的论据，任何强有力的对手，都会拜倒在你的更为有力的铁一般的事实面前。

这种技巧不但适用于竞争性很强的谈判，对于高度合作性的谈判，也能够起到促进谈判成功的作用。在高度合作性的谈判中，事实根据也能够比其他的方法更能吸引合作者。

8. 坚持正义法。

谈判的最根本原则就是正义的原则和公平的原则，只要你坚持正义和公平，就可以理直气壮，义正词严，最终取得胜利。应用这种谈判策略，最关键的一点是，谈判者在谈判中要具有正义感。一般要求谈判者采取严厉和坚定的立场，使对方感到正义的威力和力量，迫使对方在真理和正义面前放弃或改变非正义的谈判立场和态度。

要做一次成功的谈判，需要你和你的手下的充分配合。这要求你们必须全心投入到谈判中，不仅要使用对谈判精确而有力的词语，更重要的是要灵活地运用各种谈判战术，包括洞察对方的面部表情、态度等。

充分考虑好对方可能使用的言语和态度，争取在谈判中发现新的问题，并对此做出相应的策略调整是必备的本领。

以礼入情——销售员这样说，客户才会动心

世界最伟大的推销员告诉我们，成功的推销主要依靠良好的沟通能力。

与顾客沟通，体现在推销工作的方方面面，如拜访客户需要沟通，沟通不当就会被客户拒之门外；推荐商品需要沟通，才能让顾客清楚地了解商品，进而产生信赖，沟通不当就会令顾客心生怀疑，对商品不认可；处理顾客的异议和矛盾，更需要良好的沟通，才能化解纷争，留住客户，沟通不当就会得罪

顾客，流失客户；在最后的服务环节，同样也需要沟通，才能给顾客一个放心的承诺，而沟通不当就会难以赢得顾客的信赖和好感。

没有说服不了的客户，只有不会沟通的推销员。为此，推销员要做好推销工作，增长业绩，就不能忽视与顾客和客户之间的沟通。

1. 主动礼貌地接近顾客。

第一次接近顾客，给对方一个舒适的第一印象至关重要。

初次见面，顾客容易以貌取人，一定要衣着大方合体，与自己的身材、年龄、个性以及所推销产品的风格相配合。同时，一定要精神面貌良好，面带微笑，保持诚恳、尊重、自信、热情的态度。举止要从容优雅，谈吐亲切自如。

由于推销员是陌生人，顾客会有怀疑和防备心理。因此，坦诚而关心是推销之初缩短双方距离的最好武器。首先要明明白白地介绍自己的姓名、身份及愿望。其次要真诚地关心顾客，帮助拿重东西，逗逗孩子，谈谈对方的工作、家务、身体等话题。同时别忘了适当地赞美对方，注意掌握分寸，是真心赞美而非吹捧。这样，顾客很容易接受你，消除陌生感。

在接近顾客时，往往会遭到拒绝。这时保持心平气和、从容不迫的良好礼仪十分重要。应保持微笑，目光正视对方，不必难为情地低下头或转身就走，仍应礼貌地道声“打扰了”“谢谢”，然后告辞。

2. 做足约见顾客的准备。

推销员约见顾客时，要事先联系好顾客，征求对方同意后会面。约见一定要从对方利益出发，多为顾客着想，最好由顾客决定。

约见的时间视顾客的方便而定，应选择天气良好、对方时间宽裕、情绪舒畅的时候，可以主动提出几种建议由顾客定夺。约见时间既定，则务必按时到达，绝不可失约。

约见的地点要方便顾客赴约，选择顾客熟悉的地方，安全、轻松的场所，总之，由顾客选择决定为好。

约见的方式多种多样，如电话预约、信函预约，也可以当面约见等。不论口头的还是书面的，都要注意措辞的礼貌、得体。

3. 推介产品是关键。

推销过程主要是介绍商品、解答顾客的疑问。推介过程中要注意以下礼仪：

要自始至终地尊重顾客，耐心细致地介绍商品，允许顾客随意插话、提问，不可轻易打断对方的谈话，或者自己一直滔滔不绝地说下去，适时问一句："您看呢？""您觉得呢？"

要诚实、客观地介绍商品优点。只讲优点不谈缺欠的方式只会令顾客生疑，因此，正确的推销礼仪是全面、透彻介绍商品的长处，同时简略地说明其他方面，给对方以诚实可信的感觉。

对顾客提出的异议要耐心对待。有异议说明顾客开始关注你的商品，因此更应热心解释说明，即使对方的看法有误，也不要争辩，不要争吵，更不能面露不屑与不悦。应多听善说，引导、说服顾客而不要驳斥顾客。即使否定对方观点也要在遣词上维护对方，不可嘲笑对方。

对待顾客的提问要处理得当。一般性问题应立即回答，不能避而不答或含糊其辞。对有些技术性强的问题和异议，则应稍作思考或延缓回答，可表现出负责任的慎重态度，必要时可暂不回答，待查阅资料或电话请教专业人员、负责人之后再回答。有时顾客的自言自语或玩笑以及关系不大的问题可不必作答，否则反而招致麻烦。

推销过程中不可过度热情。恰当的热情可促使推销成功，但不要造成急于催促对方购买的印象和压力。应适时地闭上嘴，容对方察看或考虑，但沉默时间不要过长，适时插话，主动提出并分析对方可能的担心，显得热情而不急功近利。

4. 不能忽视达成交易的那一刻的细节。

成交是推销基本成功的标志，但并非意味着推销工作的结束，因为即使达成交易，对方也会更改意见，这时就要看你的礼仪表现了。

成交时不要喜形于色，失去了原有的沉稳。表情、态度要自然、平静，要保持常态。

要赞美顾客的眼光，要将成交归功于对方，而不能沾沾自喜，否则容易令顾客反感，也许会失去购买兴趣。

少说话，谨慎用词。既然已达成交易，就切忌再啰里啰唆地说个没完，一则令人生厌，二则可能会有口误，导致节外生枝。

热情告别。成交后可略转换些轻松的话题，聊聊天，不可一成交就立即走人。应上前与顾客握手告别，面带微笑表示合作愉快及谢意。

应留下联络地址及电话，表示有任何事情尽快找你，一定尽力解决。告别后一段时间应主动再联系询问一下顾客的意见和要求，这样才显得礼数周全、善始善终。

推销是一个环节紧密有序的工作。推销员从约见客户、与客户谈判直到成交，每一步都离不开沟通。成功的推销员在不同的推销阶段运用不同的沟通策略，从而实现成功；失败的推销员因沟通不当，常常不是吃顾客的闭门羹，就是在某个环节遭受阻碍，影响顺利成交。

只要掌握沟通的艺术，天下就没有难做的生意。

言语温和——家长这样说，孩子才会用心听

家庭沟通中最重要的是亲子沟通。日本教育学家木村久一说：家庭应该是爱、欢乐和笑的殿堂。温和的语言，是善良人家庭中决不可缺少的。良好的亲子沟通在家庭关系中是非常重要的。

每个父母都望子成龙、盼女成凤，那么身为父母，如何说，孩子才会用心听呢？

一、关注孩子的心声，创造教育时机

在五年级的一节劳动课上，老师在教学生缝制椅子垫儿。正好赶上“三八妇女节”，老师就号召同学们回家后给妈妈缝

一个椅子垫儿。

老师说："妈妈平时关心你们，付出了很多心血，你们也应该关心自己的妈妈。送给妈妈一个自己亲手做的礼物，就是关心妈妈的实际行动。"孩子们听了，积极性很高。

楠楠听了老师的话，回家后顾不上做作业，翻箱倒柜地找出布啊，针线啊，忙了半天，辛辛苦苦地给妈妈缝了个椅子垫儿。长这么大，他还从来没有为妈妈付出过这么多的劳动，他多希望妈妈会因为他变得懂事了而喜出望外啊。他在一针一针缝椅子垫儿的时候，就想象着妈妈回家后看到这份特殊的礼物时的高兴劲儿。他想给妈妈一个惊喜，就把缝好的椅子垫儿先藏了起来，不让妈妈看见。

妈妈下班回家，开口问道："写完作业没有？"

楠楠回答说："还没有呢。"

妈妈一下来了气："放学这么半天，你干什么了？"

楠楠说："妈妈，今天是'三八妇女节'，我给您做了个礼物。"说着拿出了藏在门后边的椅子垫儿。

他满以为妈妈会高兴呢，没想到，妈妈不但没有什么惊喜，反而一手抓过椅子垫儿，说："你弄这玩意儿干吗？不写作业！"边说边把楠楠忙了半天做的椅子垫儿拆了。

楠楠当时气得直哭，他对妈妈的一片爱心被妈妈粗暴地伤害了。他万万没想到妈妈会这样。他大失所望，不明白妈妈怎么就不懂自己的心。

教育家经常说，教育要"抓住时机"。对上例中的妈妈来说，孩子亲手给自己缝椅子垫儿，这是一个多么好的教育时机！它的意义远不止于孩子会干活儿了，其意义主要体现在人的情感上，在孩子的一针一线中浸透着孩子对妈妈的爱和关心，浸透着孩子对妈妈的感情回报。这是一个多么好的母子情感双向沟通交流的机会呀！

二、和孩子沟通时要少说多听

这就要求家长们在教育孩子的沟通中掌握4个技巧：

1. 接受和尊重孩子的所有感受。

孩子向父母诉说时，父母应安静、专心地倾听，但不给予评判。父母不必接受孩子的所有行为表现，而只是接受他的感受。例如，孩子可能会告诉父母自己对小伙伴有多生气，但父母不能允许孩子通过嘲弄或打人来表达他的愤怒。

2. 向孩子显示你正在听他讲话。

孩子向父母诉说时，父母的关注表示自己对孩子的尊重和自己愿意分担孩子的想法和感受。当孩子开口向父母讲话时，父母应停下正在做的事情，转向他，保持目光接触，并仔细地听。同时还要通过点头或不时地用“嗯……”“是的……”等来显示对他的注意。

3. 告诉孩子你所听到的以及你的想法。

不时地总结、重述或复述孩子所讲的关键内容，包括他的感受以及导致这种感受产生的情境原因。仅仅倾听和理解是不够的，父母还必须用语言对他所说、所想及所感的事情做出反应。但尽量不要逐字地重复孩子的话，应使用相似的语言来表达相同的意思。

4. 对孩子的感受进行确认。

在仔细听取孩子的诉说并观察其面部表情后，对他的感受进行猜测并试着确认。如果第一次的猜测不正确，再试一次。讲话时要尊重孩子，保持冷静，且语速要缓慢。当猜测不正确时，应鼓励孩子帮助父母纠正。

只有在帮助孩子确认其感受之后，父母才能给他提供忠告、建议或教他以不同的方式看待事情。如果父母先给予这些帮助，那将会妨碍孩子努力去表达和理解自己的感受。

总之，只有当父母真正理解孩子的表达时，才能和孩子进行有效的沟通，教育和管教才能被孩子愉快地接受。

三、父母和孩子都应尊重对方的想法

平等沟通是消除“代沟”的好方法。同时避免对孩子的语言伤害。

其实有很多人都认识到了“代沟”的存在。做父母的总是无条件地要求自己的孩子应该这样，不应该那样，却很少考虑到孩子们是否能够接受。孩子们往往叛逆地认为父母的要求太苛刻，总是闷在心里想，不去想个两全其美的办法面对。如果双方能够都宽容一些，能够彼此理解，那么一定能够使双方得到满意的结果。

四、身教，胜过千言万语

有一个宰相的妻子非常重视儿子的前途，她每天不辞劳苦地劝告儿子要努力读书，要有礼貌，要讲信用，要忠于国君等。而宰相却是早上离家去上朝，晚上回来看书。

爱儿心切的夫人终于忍不住说：

“你别只顾你的公事和看书，你也该好好地管教管教你的儿子啊？”

宰相眼不离书地说：“我时时刻刻都在教育儿子啊！”

宰相用自己的行为，给孩子做了身边的榜样，这种无声的沟通，对孩子的影响是深远的。

那些一边教育孩子要珍惜时间，一边却约朋友打麻将的父母，怎么可能期待有好的教育结果呢？

第五章

掌控你周围的人：
轻松影响他人的社交法则

能把陌生人变成朋友，是一个人高超的社交能力的表现。当你遇到陌生人的时候，你会不会与他或她交谈呢？想让他或她对你有相见恨晚的感觉吗？这就需要掌握影响他人的社交法则。

生活中，最易影响我们也最易被我们影响的就是我们周围的人。有的人相处一辈子仍形同陌路，有的人却能一见如故、相见恨晚。这是为什么呢？本章着重讲述：在社交场合中如何掌控你周围的人，如何用赢家的思维模式和行为模式去影响他人。

微笑社交——跟任何人都能聊得来

无论在任何时候、任何场合，微笑都是拉近人与人之间距离的最有力法宝。如果你掌握了必备的说话技巧，把话说得恰到好处，你就能跟任何人都聊得来。如果你能做到跟任何人都聊得来，那么，成功指日可待。

有的人无论在何种场合都能谈笑风生，左右逢源，有的人却无论在哪，都找不到合适的话题，经常陷入尴尬的局面。事实上，多数人面临的是如何和陌生人交谈。

和陌生人交谈，最忌讳的是自己口若悬河而对方沉默不语。所以，我们不仅要打开自己的话匣子，还应该巧妙地打开对方的话匣子。打开对方话匣子的最好方法是提问。光是自己不断地说话，是无法了解对方关心的问题的，所以让对方多说话非常重要。

我们要善于提出一些问题，然后用心地倾听对方的答复。除了用心倾听之外，还要不时地插入一些问题进一步询问。掌握主导权，一步一步借题发挥，在询问过程中渐渐了解对方关心的内容，而且以此为重点让话题继续进行。这样一来，对方就会饶有兴趣地侃侃而谈，这是让谈话热烈进行的秘诀。

比如说，我们想结识一个医生，而我们对于医学完全是门外汉，这时我们就可以用问的方法来打开局面。“近来患流感的人好像很多，你们大概又忙于替人打预防针了吧？”一个和时令或新闻有关的问题，同时又切近对方的工作，这是最得体的。这样一来，便可以与对方谈下去。我们可谈下去的内容很多，从流感谈到环境卫生，再谈到环保，谈到免疫……只要他不厌烦，我们可以一直引他谈下去。

如果碰到房地产经纪人，我们可以问他近来国家宏观调控下的房价走向；碰到家电业的人，则可请教他国产电器和日本电器的性能价格比较；碰到教师，则问他学校的情形。总之，问话是打开对方话匣子的最好方法。

问话须注意的是，要问对方所知道的，问对方最内行的事情。如果我们不确知对方能否回答，那么还是以不问为好。例如问一个医生“去年本市患甲肝的病人有多少？”这是不容易回答的。要是对方的答语是“不大清楚”，这样不仅使答者有伤体面，而且会让双方都感到没趣，因此，要尽量回避这样提问。

其次，有关宗教及政治的观点要慎重提问，除非对方是一个专家或权威人物。因为普通人对宗教与政治各有各的立场和见解，他也不知道我们有什么用意，也不知道我们有无成见。聪明的人一般不会明确地答复这种问题，所以不问为好。

有些问题，在我们得不到圆满的答复时，可以再继续问下去，但有些问题问过以后就不宜再问。比方说，我们问对方住在哪里，如果他说“在朝阳区”，那么我们就不宜再问某街某号。如果他想告诉你，他一定会详细地说出。举一反三，其他诸如此类的问题也是一样，问问题要适可而止，以免误事。

此外，在日常交际中还要注意，不可问别人东西的价钱、不可问报纸刊物的销售量（除非知道他的刊物是一流的，使对方说出而无愧），不可问女士的年龄（除非她是60岁左右的），不可问别人的收入多少，不可详问别人的家庭情况，不可问别人用钱的方法，不可问别人工作上的秘密，如企业股票上市价格等一些商业机密等。

凡对方不知道或不愿让别人知道的事情都应避免发问。问话的目的是引起两方谈话的兴趣，而不是使任何一方没趣。如果我们的提问能使答者滔滔不绝、十分尽兴，那便是问话的最高本领。

接下来我们来谈谈发问的技巧。

问话是表示虚心，表示谦逊，同时也是表示尊重对方。“帮我把信寄了”就远不如说“能不能帮忙寄一封信？”后者使人听了觉得舒服。

同样，对某件事情不明白，就不妨请教别人，自作聪明是最吃亏的。一句坦白的、求教于人的问话，最能博得别人的欢心。

可是怎样提问呢？问话的方法有很多种，收效各有高低。高明的问法使人心中喜悦，而愚蠢的问话则会使对方失笑甚至反感。

李文宇在一家大公司做客服，刚刚开始接受新的工作时，她的客户主要是全球500强企业的人力资源总监，他们谈到一些术语和概念，她一开始听不懂，但她并不会急于向对方弄清楚这个词的含义，而是很灵巧地向对方提问：您能否向我介绍一下贵公司talent pool是如何建设的？于是对方的回答自然让她明白了很多talent pool的含义。后来，她又在与其他客户沟通过程中同样听到了这个词，那时她不仅能迅速反应出talent pool的含义，而且她还发现这是一个共性话题，几乎和所有客户打交道时都能用。假如当初李文宇只是硬生生地问talent pool是什么意思，我想结果可能是：对方会解释给她听，但这样一来他原先的表达逻辑就被她打断了，而同时也意识到李文宇对这个行业不了解，于是他可能倾向于少说一些，或者只说浅层的东西让她知道，而这样一来，她所能从他这里学到的东西就很有限了。

由此看来，问话的方法是值得研究的。

美国有些冷饮店因为一些客人喜欢在喝可乐时放个鸡蛋，所以服务员在客人要可乐时必问一句："要不要鸡蛋？"

某心理学家应邀到一家冰果店里去研究如何发展营业时，他就建议不应问"要不要加鸡蛋？"而应问"要一个还是两个鸡蛋？"

问话的奥妙千变万化。这里我们只简单地举几个例子，主要是要靠你自己去揣摩，因人、因地、因事而灵活运用。而你一旦掌握了聪明、轻松打开话匣子的能力，你就能和任何都能聊得来，你人脉关系网也至少比现在扩大一倍。

谈话要讲究技巧，问话同样要讲究技巧。在沟通中的问话，最重要的是语气要温和，态度要谦恭。与其问"你很讨厌他吗？"不如问"你对他的印象怎样？"

形象制胜——用气质打开他人的心门

一个自信十足、魅力四射的人，他的精神状态总是与众不同，夺人一等。一个人，最重要的就是他的精气神。

精神气，是指精、气、神，本是古代哲学中的概念，含有元素之意。中医认为精气神是人体生命活动的根本。人的一切外在气质都是精气神的外在显现。比如，气质、内涵等。

一个人具备什么样的气质，对其精神面貌有很大的影响。人的容貌如同一朵花，季节性很强，它总有凋零之时，而人的气质所带来的风采，则是与日俱增的。如果一个人整天无精打采，又何来气质可言？

那么，究竟什么是气质？所谓气质，一般而言是指人的相对稳定的个性特点、风格和气度。气质美首先表现在丰富的内心世界。理想则是内心丰富的一个重要方面。因为理想是人生的动力和目标，没有理想和追求，内心空虚贫乏，是谈不上气质美的。品德是气质美的又一重要方面，为人诚恳、心地善良是不可缺少的。文化水平在一定程度上影响着一个人的气质。此外还要胸襟广阔。

气质美还表现在举止上，一举手、一投足，走路的步态，待人接物的风度，皆属此列。朋友初交，互相打量，立刻产生好的印象。这个好感除了源自言谈之外，就是举止的作用了。要热情而不轻浮，大方而不造作。

气质美还表现在性格上。这就是要注意自己的涵养，要忌怒、忌狂，能忍让，体贴人。温柔并非沉默，更不是逆来顺受、毫无主见，相反，开朗的性格往往透露出天真烂漫的气息，更能表现内心情感，而富有感情的人更能引起共鸣。

高雅的兴趣也是气质美的一种表现。爱好文学并有一定的表达能力，欣赏音乐且有较好的乐感，喜欢美术并有基本的色彩感，等等。

有许多人外表并不美，但在他们身上却流露着夺目的气质美，如工作的认真、执着、聪慧、洒脱、敏锐、精明、干练。这是真正的美，和谐统一的美。

追求美而不亵渎美，这就要求我们每一个热爱美、追求美的人都要从生活中悟出美的真谛，把美的形貌与美的气质、美的德行结合起来。只有这样，才是真正的美。

一个精气神十足的人总会散发出无穷的魅力。其实，魅力是别人对你的看法，他们通过你的外在表现、你的行动与思想，对你产生了喜欢以至某种带有神秘色彩的感情，所以魅力本身是一种感情。而别人对你的感情是与你对他们的感情密切相关的。如果你的感情特征是积极的、友善的、温和的、宽容的，那么你一定会魅力大增；反之你就会成为一个不受欢迎的人。所以一个人的个性在很大程度上影响了他的人际交往。

那么什么样的人是富有魅力的人呢？什么样的性格可以造就魅力呢？西方心理学家曾提出了一种说法，称之为“令人愉悦的个性”。如果你拥有令人愉悦的个性，你往往会使自己的魅力大增。人的情感和表现是复杂的，并非所有的性格都是令人愉悦的，有一些性格令大部分人感到不喜欢、讨厌，甚至是难以容忍。比如，人们一般不喜欢消极的、极端化的性格特征，人们对报复性的、敌意的性格特征更是感到厌恶；但一般人们都喜欢富有热情的、积极向上的、友善的、亲切温和的、宽容大度的、富有感染力的性格。所以，如果你能够培养出为大部分人所喜欢的正面性格，那么你成功的可能性就大大增加了。

一般地说，令人愉悦的个性包括以下几方面的性格特征。

1. 富有热忱。

很多人不能成功，是因为他们缺乏热忱，他们缺乏对人、事、物的热情关注，甚至对争取成功也缺乏热忱，这样他们当然无法成功。你是否对某些事情充满热忱？你是否特别关注于某个学科？你是否希望自己在某个领域有所建树？是否有些知识和问题在不断地吸引你的注意力？你是否热衷于学习钻研某项技术，并全身心地投入其中？如果你不是这样的，那么你就要有所改进。你要记住：一定要培养自己对人、事，对学习新事物的无限热忱。如果你能逐渐做到这一点，那么你就是一个潜在的成功者。

除此之外，对事物的热忱还有助于你激发带动其他人，使他们觉得你是一个精力充沛、充满活力的人，这也可以大大地提升你的形象与魅力。所以拿破仑·希尔经常告诫人们，“要努力表现并提高你的热忱”。热忱是令人愉悦的个性的一部分，热忱可以改变你的人生。

2. 亲切随和。

许多关于魅力的书籍都强调一个伟人大都有一种神秘感与威严，这有一定道理。威严固然令人敬畏，但亲切随和则更会令人喜欢。在社会上，让他人喜欢你，远比让他人敬畏你更有价值。亲切随和的人往往更能广交朋友，善结人脉，总能获得他人的好感与认同。让别人喜欢你，可以为你带来合作机会，为你带来一笔笔交易，为你带来商业利益，甚至更多。

亲切随和的最大好处是对人平等，给人以尊重感。如果你不尊重别人，总以强者自居，若想与别人建立起一种良好的关系，这几乎是不可能的。尊重他人是人际关系最重要的一条原则。

3. 温和谦恭。

温和谦恭的性情表明一个人极富涵养，非常成熟，对人和物都有全面的看法。成功者在性格上的特点往往是不骄不躁、心平气和，他们在任何复杂问题面前都能保持清醒的头脑，不被烦躁不安的情绪所支配。即便他们受到了恶意的攻击，也能心态平和，保持友好的姿态，并要求自己有则改之，无则加勉，不断提高自己的涵养和性情。

如果在商务应酬场合，能做到性情温和、彬彬有礼，会为你奠定成功的基础。在令人愉悦的个性中，绝对找不到傲慢、自大和唯我独尊的影子。在任何时候都不要愤怒，愤怒没有任何价值；在任何时候都不要急躁不安，急躁不安也不会给你任何助益。成功者有一颗清醒冷静充满信心的头脑，但他们一般也有一颗谦恭的心。

4. 富有感染力。

如果你做到了前面所讲的三条，你就是一个很受欢迎的人了。但如果你还能做到这一条，就会使你更具魅力。你是否注意到，成功者的重要特点是他的个性富有感染力。每到一处，他都善于用自己的行动和语言打动别人，否则他怎么给别人留下深刻的印象呢？所以，你要努力培养你的感染力。

一些成功的人之所以具有感染力，是因为他们懂得大部分人所关心的事物，他们能细心地观察每个人的利益、态度与感受。一个人的正义感、同情心往往是感染力之源。在日常生活中，一个人的感染力更多是来自于情感方面。所以，一个具有感染力的人，也是一个具有道德影响力的人、一个正直善良的人、一个对他人的痛苦具有同情心的人。

"性格塑造人"，性格也塑造成功。热忱、亲切、随和、谦恭、温和、宽容、感染力这些优秀的品质，构成了你令人愉悦的个性，从而有助于你获得他人的善待，建立一张宽广结实的人脉关系网，进而以你的人格魅力去影响他人。

拉近关系——得到认同后轻松影响他人

人与人之间无论合作、办事都要事先接近，直到彼此都能接受对方，才会言及其他。否则，一切免谈。一般来讲，所谓的有共同语言，多是从迎合对方的嗜好开始。

有位女明星需要一两个短剧本，她希望日本一位很有名的作家能够为她动笔。这位作家文笔风趣，但他脾气很古怪，一般人的约稿经常被拒绝。

这位明星打电话给他的朋友，请教一下该怎样向作家开口提出要求。

“你究竟打算请他写些什么短剧呀？”“我希望他替我写男女别恋，不过要有新的内容，不要以前的故事。”“这样很好，他以前写过不少这类的东西，你只需说知道他写过这些剧本，十分崇拜他就行。”

过了两天，这位明星给他朋友打电话，很高兴地说：“他不等我提出要求，就答应替我写两出短剧了。”

她朋友说：“你们晚餐时，你一直在谈论他过去那些得意之作，是吗？”“你猜得对，我主要是讲他的作品如何受人喜爱。”

聪明的人在结交陌生人的时候，即使是小孩子也懂得迎合对方的嗜好，这样能让对方感觉到受重视、受尊重。当然，这个“迎”，一定要迎合得巧妙，不能让对方看出任何破绽。

富兰克林·罗斯福是美国第32任总统，1911年，他结束了非洲的考察回到了美国，准备参加第二年的总统竞选。很多人都非常看好这位年轻人，因为他是前美国总统西奥多·罗斯福的堂弟，又是一位非常有名的律师，知名度很高。但是，开始时罗斯福并不是很顺利，虽然很多人都认识他，可是他却不认识那些人。有一次在宴会上，很多人都跟他打招呼，他也礼节性地回应他们，可是罗斯福发现，那些人尽管跟他打了招呼，但脸上的表情都是很冷漠的，似乎看不出对他有好感的样子。

必须改变这种不利的局面。罗斯福想出了一个接近自己不认识的人并能同他们搭话的主意。于是，他对坐在自己身旁的陆思瓦特博士悄悄地说："我很想认识这些人，但又对他们不是很了解，您能给我说说他们的大致情况吗？"陆思瓦特博士对参加宴会的这些人很了解，又是罗斯福很要好的朋友，他当然会帮忙了。于是他就把那些人的情况说给了罗斯福。这样，罗斯福的心里就有了底。他热情地走向他们，根据自己知道的一些情况向他们提出了几个简单的问题，从中了解到他们的性格、特点、爱好，知道了他们曾从事过什么职业，做了什么事情，最得意的是什么。掌握了这些，罗斯福就有了同他们闲谈的资料，并引起他们交谈的兴趣，在不知不觉中，罗斯福成了他们的新朋友。

几乎每个人或多或少都有一些可以和别人分享的趣事，但是许多人都会因为自己与别人的见解不同而羞于表达。如果我们能找到共同的话题，彼此坦诚相待，就能谈得投机。假如无话可谈，就会显得很尴尬。一旦出现尴尬局面，如何化解呢？

化解"无话可说的尴尬"的6个技巧

寻找一个合适的话题而使谈话逐渐展开，并不是很困难的事。你不妨采用以下办法化解话题不当或无话可说的尴尬。

1. 留心观察。

从一个人的服饰、举止、谈吐可以看出他的心情、精神状态和生活习惯。开始谈话前首先看对方有何与自己相同之处。例如，他和你一样都穿了一双一个品牌的运动鞋，你就可以以运动鞋为话题开始你们的谈话。

2. 以话试探。

两个陌生人相对无言，为了打破沉默的局面，首先要开口讲话，可以采用自言自语，例如，“这里人真多啊”“今天的美酒很特别”“天太热了”，对方听到这句话便可能会主动回答将谈话进行下去。还可以以动作开场，随手帮对方做点事，如帮对方拉开门等。

3. 向对方坦白，说出自己的感受。

最健谈的人就是勇于坦白的人。坦白地说出“我不知道该讲些什么”“我在这里一个人也不认识”，总比让自己显得拘谨冷漠好得多。例如，在一个宴会上可以自言自语：我太容易脸红了，与这种宴会格格不入。无论如何，将自己的感受向第一个似乎愿意听的人说出来，这个人可能就是你的知音。

4. 以对方为话题。

人们往往千方百计地想使别人注意自己，但结果都令人失望，因为他不会关心你、我，他只会关心他自己。因此，以对方作为谈话的开端，往往能令他人产生好感。赞美陌生人的一句“你的衣服颜色搭配得真好”“你的发型很新潮”，能使他快乐，并缓和彼此的生疏。

5. 直接向对方提出问题。

许多难忘的谈话都是由一个问题开始的。例如，可以常常问别人：“您每天的工作情况怎么样？”通常对方都会热心地回答。而对较内向、看来羞怯的人，不妨多发问，帮助他把话题延续。

6. 以自己所处的周围环境为话题。

如果对一个陌生场合感到十分好奇，我们就可以说“这里的雕塑可真精美啊，不知出自哪位名家之手”，这样与对方可以展开一段谈话。例如，有一次大刘在火车站接人，一个陌生人环视了一下周围，然后打破沉默，开口跟大刘说：“在候车站上可以看到人生百态！”这就是一个很好的话题。

总之，谈话的话题有很多，这就看我们是否用心留意。不要以为陌生人都很难接近，他们也和我们一样希望认识更多的朋友，有时随便一个不是很恰当的话题也能引起对方的交谈兴趣。

一旦对方的兴趣被挑起来，你就可以表达自己的想法，就更容易影响他人。

有效倾听——用赢家的思维模式影响他人

美国成功学导师戴尔·卡耐基说：做一个好听众，鼓励别人说说他们自己。只要学会倾听，你自然会成为最受欢迎的人；做个听众往往比做一个演讲者更重要。专心听他人讲话，是我们给予他的最大尊重、呵护和赞美。

小李的父亲是位知识分子，为人古板，不喜与人交往，每次小李来了熟人，父亲就独自躲到书房，很少与人打招呼。

一次，小李的三个高中同学来到家里。大家一见分外亲热，其中有两位喜欢下棋，闲谈中都是些术语、行话，而另外一位对“黑白世界”一无所知，无聊中去了父亲的书房。这外边三位在棋局上杀得天昏地暗，没去管他。等玩够后，才从书房中把那个同学叫出来，令小李吃惊的是：老父居然送出房门口，还问儿子为什么不留他们吃饭，临行还一再叮嘱：以后有空来玩。在小李的记忆中这是父亲第一次留他的同学吃饭，而且以后还经常问及那位同学为什么不来玩。

小李在惊叹之余，问及同学如何赢得父亲的欣赏。结果那同学说：“没什么呀，你们下棋我不懂，就去你父亲书房，见你父亲在看一本水利方面的书，就问你父亲是否搞水利的，然后就好奇地问长江大桥的桥墩怎么做的，你父亲就开始给我讲解，如何先将一个大铁筒插进去，将里面的水抽干，挖出稀泥，打地基，直到做好干透，再将铁筒抽掉，你父亲在说，而我只是认真听，也没说什么。”

每个人都认为自己的声音是最重要、最动听的，并且每个人都有迫不及待地表达自己的愿望。在这种情况下，友善的倾听者自然成为最受欢迎的人。

有效倾听的12个技巧

要做一个善听人言者，这比任何一个雄辩者都要更吸引人，同时也是搞好人际关系的最有效的手段。那么，怎样做到有效倾听呢？

1.必须主动积极。

对对方的感觉和意见感兴趣，并且积极努力去听，去了解对方，若有不明白的就问清楚。我们经常碰到某一种人，当别人说话时他也在想着自己下面要说什么。还有的人则是答非所问。你可知道他根本不在听你说，你的话对他只是耳边风，或者甚至是干扰你说话，你对他当然不会留下什么印象。

2.谈话时反应要冷静。

一个善于倾听的人，总能控制自己的感情。过于激动，无论对讲或听的人来说，都会影响表达或听取的效果。

3.要让人家把话说完。

尽量控制自己，不要打断对方。有时，谈话并不是一下子就能抓住要领的，应该让对方有时间不慌不忙地把话说完，即使对方为了理清思路，作短暂的停顿，也不要打断他的话，以免影响他的思维。

4.要去体察对方的感觉。

一个人感觉到的往往比他的思想更能引导他的行为，愈不注重人感觉的真实面，就愈不会彼此沟通。体察感觉，意思是指将对方的话背后的情感复述出来，表示接受及了解他的感觉，有时会产生相当好的效果。

5.不要匆忙做结论。

不要急于评价对方的观点。一个良好的交谈者，应该努力弄懂对方谈话，完全把握他的意思。

6.要关怀、了解和接受对方。

要鼓励对方，帮助对方寻求解决问题的途径。这种态度若是真诚不带虚假，定能奏效。

7.要全神贯注地听。

不要做小动作，不要走神。别人说话时，如果你不时朝窗外观看来回行驶的汽车，或低头只顾自己修剪指甲，或面露不耐烦的表情，这些都是不礼貌的，都会使对方对你造成反感。

8.不必介意别人讲话的特点。

有些人说话时爱眨眼睛，有些人说话时爱带口头禅，有些人说话时爱手舞足蹈。对此，你不要介意，更不要分散自己的注意力。你应该将注意力放在对方谈话的内容上，尽可能从对方的谈话中吸取信息，丰富自己的知识和经验。

9.要注意反馈。

倾听别人的谈话要注意信息反馈，及时查证自己是否了解对方。你不妨这样发问："不知我是否了解你的话，你的意思是……"一旦确定了你对他的了解，就要进入积极实际的帮助和建议。

10.要抓住主要意思。

不要被个别枝节所吸引。善于倾听的人总是注意分析哪些内容是主要的，哪些是次要的，以便抓住事实背后的主要意思，避免造成误解。

11.要使思考的速度与谈话相适应。

思考的速度通常比讲话的速度快两三倍，因此我们在倾听时大脑要抓紧工作，勤于思考分析。如果别人在谈话时，你心不在焉，不动脑筋，别人说话的内容又记不住，不得不重复再谈，那显然是事倍功半。

12.不要总想占主导地位。

好像自己无所不晓，其实这样的人最容易显得无知。自以为是的人，往往最不会倾听别人谈话。

投石问路——用肢体动作俘获人心

肢体动作常能起到除语言之外的意想不到的效果。一个人要向外界传达完整的信息，单纯的语言成分只占7/100，声调占38/100，另外的55/100信息都需要由非语言的体态来传达，而且因为肢体动作、语言通常是一个人下意识的举动，所以，它很少具有欺骗性。在与人交往中，善于运用肢体语言的人更容易赢得爱情，获得成功。

一个人的肢体动作大致包括：坐立行走。一个知书达礼、修养深厚的人，总能做到：坐不失礼，站不失仪，行止从容。

一、坐不失礼

老人教育儿女时常说“站有站相，坐有坐相”，就是说一个人无论站立还是坐着都要顾及自己的形象。一个完美的坐姿，在任何场合都会为你增色不少。

对坐姿的要求是“坐如钟”，即坐相要像钟那样端正稳重。端庄优美的坐姿，会给人以文雅稳重、自然大方的美感。

坐姿的基本要领是，入座时走到座位前，转身后把右脚向后撤半步，轻稳坐下，然后把右脚与左脚并齐，坐在椅上，上体自然挺直，头正，表情自然亲切，目光柔和平视，嘴微闭，两肩平正放松，两臂自然弯曲放在膝上，也可以放在椅子或沙发扶手上，掌心向下，两腿自然弯曲，两脚平落地面，起立时右脚先向后收半步然后站起。

一般来说，在商务应酬场合，要求男性两腿之间可有一拳的距离，女性两腿并拢无空隙。两腿自然弯曲，两脚平落地面，不宜前伸。在日常交往场合，男性可以跷腿，但不可跷得过高或抖动；女性大腿并拢，小腿交叉，但不宜向前伸直。

总之，无论何种坐姿，上身都要保持端正。端坐时，双手不宜插进两腿间或两腿下，而“4”字形的叠腿方式，或是用手把叠起的腿扣住的方式，则是绝对禁止的。有失优雅风度的坐姿，如把脚藏在座椅下，甚至用脚勾着座椅的腿，都是不礼貌的举动，均应避免。

二、站不失仪

站立是人们商务应酬中的一种最基本的仪态。良好的站姿是“站如松”，是说人的站立姿势要像松树一样端直挺拔。正确健美的站姿会给人以挺拔笔直、舒展大方、精力充沛、积极向上的印象。

站姿的基本要领是：两脚跟相靠，脚尖分开45°～60°，身体重心放在两脚上。两腿并拢立直，腰背挺直，挺胸收腹。抬头挺直脖颈，双目向前平视，嘴唇微闭，面带微笑，微收下颌。

站姿可以随着场合进行调整。同别人交谈时，如果空着手，可双手在体后交叉，右手放在左手上。若身上背着背包，可利用背包摆出优雅的站姿。向长辈、朋友、同事问候或做介绍时，无论握手或鞠躬，双足应当并立，相距约10厘米，膝盖要挺直。等车或等人时，两足的位置可一前一后，保持45°，肌肉放松而自然，并保持身体的挺直。如果站立时间过久，可以将左脚或右脚交替后撤一步，其身体重心置于另一只脚上。但是上身仍需直挺，脚不可伸的太远，双腿不可叉开过大，尤其女性应当谨记，变换也不可过于频繁。双腿交叉，即别腿，也不美观。总之，站的姿势应该是自然、轻松、优美的，不论站立时摆何种姿势，只有脚的姿势及角度和手的位置在变，而身体一定要保持绝对的挺直。

保持优美站姿的注意事项：

1. 脊椎挺直，肩膀放松——站立时，背部脊椎务必挺直，头部拉高，下巴微缩，肩膀放松，使脖子到肩膀呈现自然优美的线条。

2. 随时提臀，收缩小腹——无须刻意挺胸翘屁股，站立时只要让自己的身体与地面垂直，腹部肌肉紧缩，让臀部出现紧实感，身体重量平均分布于两脚，即可达到仪态优雅与雕塑身体的效果。

3. 保持稳定，切忌摇晃——站姿不正确会让你有种手足无措手脚不知该放在哪里的感觉。请将双手自然下垂，调整呼吸，身体保持稳定状态，如此一来，你就可以站得很自然很舒服。切记！避免摇晃或抖动手脚，否则会给人一种轻浮的感觉。

4. 肩膀放松，收缩小腹——站立时身体不可过于僵硬，肩膀微微往后及向下放松，切记！一定要收缩小腹。

5. 手轻放在腰际间——单手轻放在腰际间，另一只手则自然下垂，显示出自信十足的感觉。

站立时，重心应放在单脚上，另一只脚交叉在前——想要站得有女人味，就必须将身体重心放在单脚上。另一只脚交叉在前侧或放在斜后方，脚踝脚背尽量下压（千万注意，不要“内八”），稍微侧身，让身体呈现S形的线条，可为你增添几许妩媚感。

三、行走从容

除了站姿，走姿也不容忽视。人们对走姿的理想要求是“行如风”，即走起路来像风一样轻盈。当然，不同情况对行走的要求是不同的。一般来说，标准的行走姿势，要以端正的站立姿势为基础。

基本要领是双目向前平视，面带微笑收下颌。上身挺直，头正、挺胸收腹，重心稍前倾。手臂伸直放松，手指自然弯曲，摆动时要以肩关节为轴，上臂带动前臂向前，手臂要摆直线，肘关节略屈，前臂不要向上甩动，向后摆动时，手臂外开不超过30°。前后摆动的幅度为30~40厘米。

走路用腰力，要有韵律感。走路的美感产生于下肢的频繁运动与上体稳定之间所形成的对比和谐，以及身体的平衡对称。要做到出步和落地时脚尖都正对前方，抬头挺胸，迈步向前。

我们把走路应有的原则归纳成以下几项：

1. 上半身应保持正直、下巴后收、两眼平视、胸部突起、腹部后收、两腿挺直、双脚平行。

2. 将要跨出的一脚，应当先提起脚跟，再提起脚掌，最后脚尖离地，跨出的一脚，应当脚尖先落地，然后脚掌落地，最后脚跟落地。

3. 一脚落地时，臀部同时作轻微扭动时摆度不可太大，当一脚跨出时，肩膀跟着摆动，但要自然轻松。让步伐和呼吸配合成有韵律的节奏。

4. 穿礼服、长裙或旗袍时，切勿跨大步，显得很匆忙。穿长裤时，步幅放大，会显出活泼与生动。但最大的步幅不超过脚长的2/3。

走路时应注意，最忌内八字和外八字；不要弯腰驼背、歪肩晃膀；不要步子太大或太碎；走路时不要大甩手，扭腰摆臀，左顾右盼；上楼不宜低头翘臀，下楼不宜连蹦带跳；不要双腿过于弯曲，走路不成直线；不要脚蹭地面；不要双手插裤兜；多人一起行走不要排成横队；有急事要超过前面的行人，不得跑步，可以大步超过并转向被超越者致意道歉。

四、举止优雅

行为举止体现一个人的修养，商务人员在应酬中要做到行为文明、举止得当。交谈和出席任何场合都要符合一定的标准，注意细节，才能给别人留下好的印象。长期以来人们在举止方面有约定俗成的规则，基本要求是人们的言行举止在不同场合要使用得当。

1. 应酬中的礼貌举止。

礼貌举止有点头、举手、起立、鼓掌、拥抱。具体要求有如下几方面。

2. 应酬中，在举止上要有涵养。

有些人虽然仪表堂堂或是漂亮异常，但是一举手投足便显俗气，令人生厌。因此，生意人要想在商务应酬中给人留下美好而深刻的印象，外在美固然重要，而高雅的谈吐和举止则更让人喜爱。

要想举止有涵养，就要做到：站有站相、坐有坐相、走有走姿，这样你的一言一行才能做到彬彬有礼、恰到好处。

在平时有意识地锻炼自己，养成良好的行为姿态，坚持下去。你也可以做到举止端庄、优雅得体、风度翩翩。

拒绝有道——明确态度，给他人施加影响

现实生活中，很多人都是被“不好意思”害了。因为他们总是不好意思拒绝别人，不好意思说“不”，最终自找苦恼。如果你不好意思说不，你就注定被他人牵着鼻子走。只有勇敢说不，才会摆脱别人的影响，进而影响他人。

小王最近很苦恼：每当听到同事吆喝下班后一块儿去吃饭、喝酒、唱歌时，他便陷入进退两难的境地中。按个人意愿，他一点也不想去，只希望回家好好休息，看书，听听音乐，静静地享受独处省思的乐趣。但是他知道若是把这些想法讲出来作为婉拒的理由，会被同事取笑而成为笑柄。于是他压下了自己的意愿，顺从同事的模式，在喧闹、放荡、嬉笑中，度过一个又一个吃喝玩乐的夜晚。他越来越不快乐，越来越痛

恨自己，想改变这种令他厌恶的上班式无味之友谊，想大声向同事们说“不”，可又总提不起勇气。他甚至觉得自己就像头被人牵来牵去的猪。

如果一个人和别人谈话总是说“是”，而不会说“不”，也是难有沟通的结果的。不会说“不”，不会表示拒绝的意思，就会让他人感到误解。所以，与人交往，该说“不”时就说“不”，不能因为爱面子拒绝说“不”，或勉强地服从别人的意愿。说“不”不会影响到彼此的交情，反而会给人一种有主见、有独立思想的印象。

说“不”和拒绝别人的12个技巧

1. 告诉朋友，朋友之间的分享是有原则的。

与朋友交往，要学会分享。但分享也要遵循适度原则，不是所有的东西都可以分享。在人际交往上缺乏适度的距离，结果就会适得其反。

2. 告诉朋友，可以宽容，但不能纵容。

宽即宽待，容即相容。宽容就是能设身处地为他人着想，谅解他人的过失，不计较个人得失。但是宽容不等于无原则的纵容，纵容是社交的障碍。

3. 告诉朋友，再要好的朋友也要彼此尊重。

尊重是交际礼仪的情感基础。尊重对方也等于尊重自己，尊重还要做到入乡随俗，尊重他人的喜好和禁忌。彼此尊重，是处理人际关系的一项重要原则。

4. 对“太过分”的朋友直言规劝。

敢于说批评话，勇于指出朋友的不足，是诤友的显著特征。或许这样可能让朋友不高兴，甚至得罪朋友。但抱着对朋友负责的信念，不怕一时得罪朋友，就要对朋友的一些“非分之举”进行规劝。而不是假装看不见，或睁一只眼闭一只眼，采取“多一句不如少一句”的态度。

5. 有关个人权益的事，不要不好意思说“不”。

你千万不可不好意思，而应该大方大胆地争取、保护，你如果因为不好意思而丧失自己的权益，是不会有人感激你的。

6. 想拒绝的事，不要不好意思说“不”。

很多人就是因为同事、朋友、亲戚的关系而不好意思拒绝，于是借钱给别人、为人做担保，甚至冒险为其两肋插刀。结果一句不好意思，帮了别人，害了自己！

7. 应该要求的事，不要不好意思说“不”。

很多人就因为不好意思，而有很多话不好意思说，结果事情做不好，对方得不到好处，你也苦了自己。尤其是如果你已成为单位主管或负责人，在工作上绝对不可以不好意思要求他人，否则将失去权威，被部属欺瞒。

不过，要去除不好意思的性格是很不容易的，只能慢慢学习，逐步改善。只要你愿意，也能了解人性丛林里生存斗争的残酷，经过一段时间后，自然就不会动不动就不好意思了。

8. 诱导拒绝法。

甲向乙打听机密，乙神秘地问：“你能保密吗？”甲说：“能。”乙接着说：“你能，我也能。”

9. 推托拒绝法。

“前几天经理刚宣布过，不准任何顾客进仓库，我怎能带你去呢？”

“这个问题涉及好几个人，我个人决定不了。我把你的要求带上去，让人事部讨论一下，过几天答复你，好吗？”

“这件事我做不了主，我把你的要求向领导反映一下，好吗？”

10. 委婉拒绝法。

“这个设想不错，只是目前条件不成熟。”

“这倒是个好办法，但我的上司恐怕接受不了。”

“主意不错，可惜我那天正好出差在外。”

11. 隐晦拒绝法。

“小伙子，我真难以想象公司少了你怎么样，不过我从下星期一开始想试试看。”

“贵公司地理环境不太好，我看××公司可能更适合举办这次活动。”

12. 虚实拒绝法。

问：“中国能拿几块金牌？”答：“到时候就知道了。”

问：“××认为贵公司不可能按时交货。”答：“他们有充分的言论自由，他想怎么说，就怎么说吧。”

第六章

反向掌控：影响企图影响你的人

为何有的人总能将掌控权牢牢握在自己手里，使事情朝着自己想要的方向发展？为何有的人谎话连篇还有人轻信？为何有的人时时都想给别人灌输他的想法和观点？为何有的人能把黑的说成白的？……就是因为他们深谙掌控术，令容易被影响的人受控其中。

有的人时时受制于人，却苦于无法摆脱。本章从识破谎言、识破骗局、反洗脑、反诡辩等四个方面，着重讲述：如何摆脱别人控制你的魔爪，如何有力地进行反向掌控，如何去影响那些企图影响你的人。

识破谎言——理性思考，让说谎者的逻辑不攻自破

从古至今，谎言一直是人类生活中常见的一种社会现象。可以说，只要人类存在，谎言就会存在。我们身陷谎言的世界中，即使我们不想成为精于编造谎言的撒谎者，但也不会愿意成为谎言陷阱下的猎物。在本章中，将带你揭开谎言的真面目。

谎言有两个基本特质：一是谎言的内容，即撒谎者自己相信的某事根本不是那么回事；二是撒谎的动机，即企图欺骗。

虽然关于说谎的定义让人一目了然，但实际情况中往往有更加复杂的情况。比如说，讲真话和有意识地撒谎可能会同时存在，如秘书小王向上司解释她之所以迟到20分钟是因为路上发生了一起交通事故。实际情况可能是，小王说的一部分是真话，因为交通事故可能只耽误了她一两分钟的时间。通过一部分真话，小王达到了欺骗的目的。

此外，还有一种情况：一个人有可能是在说真话，但实际上是在撒谎。如果有人误认为某件事是真实的，但是出于欺骗的目的故意向反方向说出，此时他说的确实是实话，但是根据说谎的定义，即使他嘴里说的是真话，但是他有欺骗的企图，那么他的行为也与说谎的定义完全相符。

一、谎言的分类

1.最容易被人识破的谎言——防卫性谎言；

2.以自毁为动机的谎言——病态谎言；

3.社交客套话——无恶意谎言；

4.不道德行为——恶意谎言；

5.满足听者需要的谎言——利他谎言。

二、说谎的目的

为了自我保护而选择说谎；

为了保护自尊心而选择说谎；

为了维护自身利益而选择说谎；

为了掩饰一些事情而选择说谎；

为了满足虚荣心而选择说谎。

三、逻辑与理性的丧失

谎言虽然产生于逻辑与理性的丧失，但是却经不起逻辑推敲和理性判断，只是人们在匆忙中好像忘记了理智的思考。

逻辑学是一门古老而深奥的学问。逻辑学既可以让人得到新的结论，补充新的信息，也可能使人误入歧途，制造谎言。

在逻辑学中，逻辑推理的一个形式叫作三段论，即由两个判断就必然导出第三个新的判断。

下面就是两千年前的一个经典三段论：所有的人都会死，苏格拉底是人，所以，苏格拉底也会死。

由两个判断导出的这个新判断显然是非常正确的。此三段论的理论服从于严格的和被几个世纪所考验的规律，脱离了这些规律的遵守，极易落入逻辑错误之中。

对于律师、检察员、侦察员，当然还有职业侦探等来说，善于使用自己敏锐的逻辑分析是必备的职业习惯。经不起逻辑推敲和理性验证的判断，必然是错误的。谎言正是产生于逻辑和理性的丧失。

在巴基斯坦影片《人世间》中，女主人公拉基雅的丈夫恶贯满盈，最后被人枪杀。妻子拉基雅被认定是凶手，而拉基雅确实是开了枪了。老律师曼索尔把这个善良的妇女从绝境中解脱出来。他有充分的理由证明拉基雅是无辜的。指责拉基雅是凶手的人根本就是在说谎，因为这个错误的结论经不起逻辑的分析。

曼索尔是这样证明的：

如果拉基雅是凶手，那么她手枪中的五颗子弹必然最少有一发打中了她的丈夫。而现在经过现场检查，她手枪中的五发子弹都打在对面的墙上，打在墙上，当然没有打中她丈夫。再有，如果拉基雅是杀死她丈夫的凶手，那么，子弹一定是从正面打进她丈夫的身体的，因为拉基雅是面对面地对她丈夫开了枪。但是，经过法医检查，尸体上的子弹是从背后打进去的。

所以，说拉基雅是凶手显然是经不起理性判断，也经不起逻辑解读的。老律师曼索尔用了两个充分条件假言推理的否定后件式，通过这两次演绎论证，证明了“拉基雅不是凶手”。

四、和撒谎者交谈时的观察点

多数人相信，撒谎者暴露自己是因为他们做了什么，而不是因为说了什么或怎么说的。其实情形与此截然相反。谎言的最佳提示，要从人们的言语而不是行动中寻找。英国朴次茅斯大学的阿尔德特·威瑞认为，人们在试着抓出撒谎者时，过多地注意身体语言的行为，不太注意言语。他还指出，这表现在这样一种倾向中：人们高估了通过观察某人的行为来识别谎言的可能，低估了通过倾听他说了什么来抓住撒谎者的可能。

交谈有几个特征，给识别谎言提供了线索。有些特征涉及他们说话的内容，有些特征涉及他们说话的方式。

1.迂回陈述。撒谎者往往拐弯抹角地说话。他们常常离题万里，提供冗长的解释，但是当被提问的时候，他们可能提供简短的回答。

2.泛泛而论。撒谎者的解释往往粗枝大叶，很少注意到细节。他们几乎不提时间、地点和人们的感受。比如说，一个撒谎者会告诉你，他要去吃比萨，但是他不会告诉你，他去哪儿吃，或者他要吃什么品种的比萨。即使撒谎者提供了细节，他们也几乎不能详细地说明这些细节。所以，如果你要求一个撒谎者作详细说明，他很可能只是重复刚说过的话。一个说真话的人被问到同样的问题时，通常能够提供很多新的信息。

3.施放烟幕。撒谎者提供的答案往往故意把水搅浑：它们听起来好像一清二楚，实际一塌糊涂。说到没有意义的言论，比尔·克林顿在保拉·琼斯性骚扰一案中的著名回应就是一例。当被问及克林顿和莫妮卡·莱温斯基是什么关系时，克林顿回答说："这取决于'是'是什么意思。"另一个例子是被控逃税的纽约市前市长大卫·丁金斯的辩护词："我没有犯法，我只是没能按照法律要求的去做。"

4.矢口否认。政治谎言往往以矢口否认的形式表现出来。想想比尔·克林顿那著名的矢口否认："我没有和那位女士——莱温斯基小姐——发生性关系。"当政客否认他要推出新措施（比如税收）时，你通常会把这当成他就要推出新措施的信号。正如奥托·冯·俾斯麦所言："不要相信政治中任何事情，直到被正式否定。"撒谎者更可能使用否定性的陈述。比如说，在水门事件期间，尼克松总统说："我不是个骗子。"尼克松总统并没说："我是个诚实的人。"

5.斟词酌句。撒谎者很少提及自己。与讲真话的人相比，他们使用诸如我、

我的之类词语的频率低得多。撒谎者往往泛化地频繁使用诸如总是、从不、没人、人人等词，借此在精神上使自己远离谎言。

6.免责声明。撒谎者更有可能使用诸如"你肯定不会相信这个""我知道这听起来很怪异，但是""我向你保证"之类的免责声明。类似于这样的免责声明，是专门用来认可别人的疑心的，目的在于减少别人的疑心。

7.措辞拘谨。当人们在非正式的场合说真话的时候，他们更可能使用省略方式。这是因为人在撒谎时，变得更紧张也更正式。

8.时态。撒谎者没有意识到，他有一种倾向，就是加大他们与他们所描述的事件之间的心理距离。正如我们已经看到的那样，他们这样做的一种方式是斟词酌句，另一方式是使用过去时，而不是现在时。

9.语速。撒谎需要大量的智力工作。因为除了评估自己谎言的可信程度外，撒谎者还要将真相和谎言分开。这对撒谎者的能力有很高的要求，使得他把说话的速度放慢了。人们之所以在撒谎前要停顿一下，之所以撒谎的语速往往比讲真话的语速慢，原因就在这里。当然，如果谎言被小心翼翼地排演过，情形自然不同。在这种情形下，撒谎的语速与讲真话的语速是没有区别的。

10.停顿。撒谎者撒谎时多有停顿，某些停顿充满了“嗯、啊”的语言顿字符。编织自发的谎言时涉及的认知工作也会导致更多的语误、口误和开口错。在“开口错”中，人们刚说出一句话，然后再用另一句话取而代之。

11.音高。某人声音的高低，通常是他们情绪状态的指标。因为，一旦人们心烦意乱的时候，音高就会增加。情绪与音高紧密相关。当人变得情绪化的时候，音高就会改变。音高的改变是很难掩饰和隐藏的。尽管音高的增加相当稳定，有时候增加很少，但通常有必要在听过某人在其他场合的发言后，再来确定他的音高是否增加了。

虽然如今人们大量谈及某些据说与撒谎相关的行动，但是并不存在能够表明某人撒谎的特定行为。它们可能表明，某人处于冲突的状态，受到强烈情绪的影响，或努力掩盖自己的难堪，但不能由此得出结论说，他们在撒谎。正如保罗·艾克曼所言，欺诈没有标志可言。任何姿势、面部表情或肌肉抽搐，本身都不能证明某人在撒谎。另一个研究撒谎的权威贝拉·德保罗重复了这个观点。贝拉·德保罗指出，行为标志、语言标志与欺诈之间的关系是成立的。它们可能与欺诈相关，但并不完全相关。

五、识破谎言的可能

1.要成功地识别一个谎言，你需要把你的标准定得既不高也不低。这样你可以避免得出这样的结论：要么从来没人撒谎，要么人人始终撒谎。

2.只要有可能，就要把下列两者加以对比：其一是某人被认为是在撒谎时的行为，其二是他在说真话时的行为。

3.为了成为一个优秀的谎言识破者，你还应该关注意识控制之外的行为，或者人们容易忽略的行为。

4.如果有机会，把你的注意力更多地集中在他人说了什么以及如何说上面，而不是他们做了什么。

5.搞清楚那个谎言可能是自发的还是经过预演的，是低赌注的还是高赌注的，这一点很重要。在赌注很低或那个谎言经过了预演时，完成识别谎言的任务要困难得多。

要想识破一个谎言，你应该始终注意更广泛的行为线索和言论线索。如果你认为依靠单一线索就可以识破一个撒谎者，那你是在自欺欺人。

识破骗局——明察秋毫，让骗子毫无可乘之机

有人曾说：“人是欲望的产物，生命是欲望的延续。”人有欲望是必然的，但是这种欲望如果被骗子盯上，那就可

怕了。

我们生活在一个到处充满诱惑和陷阱的社会，金钱的诱惑，美色的诱惑，名利的诱惑，地位的诱惑，情感的诱惑……正是这些诱惑让太多的人迷失自己，也正是这些欲望的驱使，甚至让人们抛弃了自己的灵魂。

成功的欺诈必须考虑到被骗者的欲望。这跟钓鱼很相似：鱼儿越饿，善于垂钓的人就越有主动权。制造谎言的人往往能确定对方最想得到是什么，再把自己的欺诈包在这些掩饰之中。

正因为人们有愿望，有欲望，才会上当受骗，有些骗子正是抓住了人们的欲望才得以到处行骗。有人贪钱，有人好色，骗子往往利用这两点去诈骗。

一、为什么会上当

1. 对金钱过度渴望而上当。

钱这东西几乎没有人会拒绝。当某人告诉你“不是钱，而是原则问题”时，十有八九就是钱的问题。金钱是价值的尺度、交换的媒介、财富的贮藏。但是也要看到金钱的另一面，它令人陶醉，令人疯狂，令人激动，令人迷失方向，上当受骗。俗话说：“君子爱财，取之有道。”菲尔丁说：“如果金钱成为你的崇拜物，那么它就会像魔鬼一样折磨你。”

乔治是个养猪户，一天来了个操外地口音的买猪人，看了乔治的猪后，便谈起生意来，最后以每千克8.7美元成交。经过秤，猪重127千克，当场结算1104.9美元。在点钱时，乔治眼瞅着买猪人把百元大钞多数了两张，他没声张，等买猪人递过钱，让他数数，他随便一数就装进口袋，以为自己捡了大便宜。

乔治笑眯眯送走了买猪人，掏出钱来再细数时，的确多了200美元，但却发现13张百元大钞竟有6张是假币。

有些时候，剥夺人生快乐的与其说是刀兵相见，不如说是物欲圈套。因此，我们要反思，你是否为了钱不顾一切，你是否把钱放在了人生的第一位。如果是这样，金钱的贪婪会使你成为它的奴隶。

2. 因好色而走进精心设计的圈套。

大多数男人一旦看到漂亮的女人就会暴露出他们的贪念或者占有之心。“窈窕淑女，君子好逑”这无可厚非，但是有的人好色到了极点，甚至包含着一种邪念。正所谓“英雄难过美人关”，有些骗子可是很好地诠释了这句话。

有多少男人，在商场上叱咤风云，赚得盆满钵也满，但是只因好色，落得个悲惨可笑的下场。

身价千万的王老板，事业一帆风顺。但是唯一的缺点是好色，最终也是在这上面吃了亏。

王老板去外地谈生意，对方非常热情地把他接到了宾馆，在非常豪华的饭店吃了大餐，陪酒的几位美女让王老板大饱眼福。晚上对方安排的节目也非常“精彩”，先是在夜总会观看艳舞表演，后是到包厢K歌，期间当然少不了叫美丽的“小姐”作陪。

在王老板醉醺醺之际，对方拿出了早已拟好的合同，王老板匆匆看了一眼便签了合同。第二天醒来，一看合同才知上当，里面有许多恶意条款。但是，白纸黑字再争辩也没用，谁让自己好色呢。

人都是有弱点的，欲望越多的人弱点也就越多，陷入圈套的可能性也就越大。

对名利和地位的贪欲，使一些人为了扫除自己前进脚步的障碍而不择手段地去做一些事情，道德对于这些人来说根本就是无稽之谈。

正是人们有这些欲望才令骗子有机可乘。你的欲望被他利用，利用你的弱点才能达到他的目的。

二、在什么情况下容易上当

1.愚蠢之人易上当。

世界上再也没有比实实在在的无知和认认真真的愚蠢更危险的了。你的愚蠢常常成就了别人的欺诈成果。

愚蠢分几类：天生智障，或者后天缺乏灵性；另有“大智若愚者”，那只是少数，并且可以成为优秀的人甚至精英；另外一种就是不辨是非，成为别人愚弄的对象。

说到因愚蠢而受骗的故事，三天三夜也说不完。

广东中山几个女性被人以谈恋爱结婚为名，短时间内，被骗去购房款10万~20万元不等，总共被诈骗90余万元。诈骗者的年龄、相貌甚至学历都没有什么过人之处，只有小学四年级文化程度。如此愚民，却屡屡得手，被骗者又是何等的愚蠢。

生意场上，有很多人都是因为自己的愚蠢轻信而上当的。

保罗做生意缺20万美元。正为难时，他手机上收到一条快速贷款的广告短信，承诺“无担保、无抵押”。保罗立即拨通了对方的电话。开始对方非常警惕，详细询问了保罗借钱的期限、目的，表示只收取1%的利息。

保罗一阵惊喜，连忙问是否需要见面签订协议。对方表示不必见面，他们将去某银行查保罗的信用记录，如果没有不良的信用记录，可以将钱一次性汇到他的账号上。

保罗一听，感觉对方的要求也在理，就爽快地将自己的相关信息告诉了对方。

第二天，保罗又按照对方要求在银行账户上存入3万美元，以“证明自己的偿还能力”。

接着，对方再次以调查信用记录为由，要求保罗开通手机银行，将银行卡与对方的手机号码绑定。保罗仍然没有引起警惕，就这样被一步步拖下水。等他把手机银行的一切手续都办完后，发现对方的手机关机了。

去银行查询时，账号上的3万美元仅剩下10美元的零头，原来他设置的银行卡密码就是自己的生日，对方可以轻而易举通过身份证号码套取密码，再用手机银行提走现金。

所以，做人不能一味“纯真”，老实人受骗的概率明显要大一些，从不说谎者会轻信人言，从不骗人者会轻信他人人品。上当受骗并不一定是因为人傻，更可能是由于心善。

一些骗子总能找到人们最薄弱的环节，然后精心设计，让人不知不觉就走进了他的圈套。当然，也有些骗子的骗术并不是很高明，但是却能令人上当，这只能说明上当者的愚蠢。

要知道，这个社会，形形色色的人都有。骗子总是利用人们的某一弱点来骗得钱财。

但是，请记住，一般骗子都是怕见阳光的。所以，为了防止被骗，同时又让那些真正需要帮助的人得到帮助，把不确定是不是骗子的人拖到阳光下，是骗子也就现了原形。

2.判断能力下降易轻信。

人处于恐惧状态的时候，思维力和判断力都降低，更容易轻信别人，甚至把某些别有用心的人当作救命的稻草。

3.走不出思维定式的怪圈。

有些人之所以成为别人欺诈的对象，并不是因为他们的品质弱点，而是其思维定式使然。

三、如何识破骗局呢

从某种程度上可以说，当今是个谎言大行其道的时代，深陷其中的你可以不去骗人，但是也绝对不想被骗。但，你要相信：这世界上没有不能识破的谎言。

1.通过闲谈了解他人的内心。

闲谈是一种从语言的密码中破译对方心态的比较好的方式，因为闲谈大多是在一种轻松愉快的氛围下进行的，容易使对方撤除心理上的防线。

一个优秀的谈话者，非常善于将对方引出来的话题分析、整理，进而形成一个对对方的完整判断。

谈话是我们的日常生活中一项不可缺少的重要内容。在谈话中，虽然谈话者不是非常直观地说出自己的思法、透露出自己的观念，但随着谈话的进行，谈话者会在不知不觉、有意无意当中暴露出其性格。在这个过程中，注意谈论内容是什么，谈论者的神态和动作怎样。细心一点，一定会获得一些有益的东西。

2.说话的速度和语气会透露人的内心。

当一个人不满意对方或心怀敌意时，言谈的速度就会放慢；相反，当心里有鬼或想欺骗他人时，说话的速度大多会不由自主地加快。喜欢用暧昧或不准确的语气、词汇作为结束话题的人，通常害怕承担责任。

说话速度的快慢与一个人的性格绝对有关联，一个慢性子的人绝不会说出如连珠炮般的话语来。而同样一句话，有可能因为语气不同，而使得意思完全走样。所以，懂得从一个人谈话的速度和语气去了解对方的个性，无疑是掌握了一把开启对方心理状态的钥匙。

说话速度快的人，大多性子急躁；而那些说话慢条斯理的人，多是慢性子的人，不管遇到什么事情，总是不疾不徐，反应比别人慢半拍。另外，通常不满意对方或心怀敌意时，言谈的速度就会放慢；相反，当心里有鬼或想欺骗他人时，说话的速度大多会不由自主地加快。一个平时沉默寡言的人，突然之间变得能言善辩、喋喋不休，表明其内心有不欲人知的秘密或心虚，想用快言快语作为掩饰。

充满自信的人，谈话时多用肯定语气；缺乏自信或性格软弱者，说话的节奏多半慢条斯理、有气无力。

喜欢低声说话的人，不是缺乏自信，就是女性化的表现。

而那些说起话来没完没了，希望话题无限延长的人，其内心潜藏着唯恐被别人打断和反驳的不安，唯有这种人，才能以盛气凌人的架势一直说个不停。

喜欢用暧昧或不确定的语气、词汇作为结束话题的人，通常害怕承担责任。

经常使用条件句的人，如“这只是我个人的看法”“不能一概而论”“在某种意义上”或“在某种情况下”等，大多是神经质和怕得罪人的个性畏缩型的人。

聆听他人讲话时，眼光始终无法集中，不是东张西望就是玩弄手指头，表示其对谈话者感到厌烦；而频频重复对方的话，表示其对此谈话内容具有高度的耐心与好奇心。

听话时不停地大幅度点头的人，表示他正认真地听对方讲话。而即使频频点头示意，但视线不集中于对方身上的人，表示对对方的话题没有共鸣；点头次数过多，或者胡乱附和的人，多半不了解对方谈话的内容；一面讲话，一面自我附和的人，大都不容许对方反驳，性情极为顽固，这种人往往无法与听者进行交流，总是一个人唱独角戏，唯我独尊。

有两种人常常可以免于受害：有过教训者，自己吃过苦头；生性奸诈者，惯于算计别人的人。只要你擦亮双眼，保持头脑清醒，骗子就无机可乘。

反洗脑——保持头脑清醒，让企图洗脑者却步

何为洗脑，前文已有叙述。其实，说白了，洗脑就是采用

一切手段将符合自己利益的错误的、虚假的认识和思想灌输给其他人。区分是否洗脑的关键不是灌输这个过程，而是看灌输的这种认识与思想是否符合事实的真相和是否具有科学性。如果灌输的认识与思想不符合事实的真相、不具备科学性，就是洗脑。

被洗脑的人的表现和典型特征我们在之前已有叙述。这里重点讲如何避免被洗脑。

在人类的绝大多数国家和社会团体，大约有98%的人都是被洗过脑的，而只有大约1%的人是负责专门给别人洗脑的，还有1%的人是专门负责给别人做心智启蒙的。我们都是平凡中的一员，过着自己想要的或不想要的生活，我们不奢求成为启蒙者、洗脑者，但是我们至少要避免成为那98%被洗脑的人。

为何要避免被洗脑呢？因为人一旦被洗脑，就会像牛一样被人牵着鼻子走，明明做的是错事还自以为是非常正确的。被人洗脑的危害如此之大，我们该怎样做才不会被洗脑呢？

反洗脑秘诀

一、先区分哪类人是洗脑者，哪类人是启蒙者

哪类人是洗脑者？哪类人是启蒙者？这一点一定要区分开来。其实，洗脑者和启蒙者之间最显著的区别就是：洗脑者不允许你接触不同的意见，而启蒙者则鼓励你接触不同的意见。

比如你有一位恩师，他时常教导你如何为人处世，如何分辨是非；他鼓励你要到社会闯一闯，到各地看一看，希望你了解不同地区的风土人情、人文景观；他希望有丰富的经历和成长，所以他是启蒙者。再比如，某些宗教绝不允许信徒们产生任何质疑，一旦发现有背叛宗教教义者，就会按照教规加以惩罚，显然这些宗教就是洗脑者。

二、不要自以为是，要知道你极有可能是错的

那些很容易被洗脑的人多是自以为是的人。他们做事任性、主观、固执，爱钻牛角尖。总是凭借自己的判断就对某一事物轻易下结论。这样的人一旦被洗脑，就很难再回头。因为他们都认为自己是不可能犯错的。

我们都知道，人非圣贤，谁都有可能犯错，即使是历史上左右时局的、推动人类历史前进的那些人，也难免犯错。爱因斯坦、马克思、笛卡尔、牛顿、叔本华……这些学术界的泰斗，他们都曾在各自的学术领域犯过错误，他们尚且如此，又何况是平凡的你我？

事实上，“认为自己永远不会错”本身就是一个错。哲学家伯特兰·罗素说：我永远不会为我的信仰而死，因为我有可能是错的。这句话，值得每个认真生活的人铭记。

三、一定要记住向对方索要证据

凡是拿不出证据的，必定存有疑点。对于存有疑点的事物，我们既不要轻易相信，也不要轻易否定。比如，有很多微信公众号上的链接文章多是标题党，当你打开时却文不对题，但细看内容似乎还真是那么回事；再比如，科学界一直有人说宇宙存在不仅是三维空间，更有四五六七……多维空间，也有人说存在一个与平行宇宙，多重世界，等等。我们可以质疑，或许他们说的事情也真实地存在，但是我们必须要找到可以证明是事实存在的证据。如果宣扬者拿不出来任何证据，我们就应当存疑。

洗脑者一个最主要的特点就是，不为自己的论点提供有力的证据。比如令人深恶痛绝的传销组织洗脑者，他们往往泛泛而说，大肆宣扬，动不动就拿国家大形势作背景，以国际趋势作诱饵，以此说明那些期望一夜暴富的人心甘情愿地加入传销诈骗的队伍。他们说可以让你过上荣华富贵的日子，他们为什么这么说？他们说可以引领你走在时代的前沿，他有什么背景和能力？他说所做的事业是光明而有前途的甚至是伟大的事业，他有什么证据？国家出台过相关政策吗？国家给这些所谓的项目以扶持过吗？只要细细琢磨，他们的鼓吹根本是站不住脚的。

因此，只要遇事时刻保持“存疑”的态度，就可有效避免上当受骗，就可避免被别有用心的人洗脑。

四、不要因为反感而拒绝新鲜信息

有很多人都有这个特点，就是只要心里面反感什么东西，就会拒绝关于它的一切信息。其实这样做的人是最不明智的，而这类具有封闭思想的人更容易被人洗脑。

比如，生活中很现实且普遍存在的例子。很多人都是无神论者，经常会遇到一些有神论者前来说服。那些虔诚的信徒会告诉你：神是真的存在的。你会怎么做呢？是断然拒绝不想听，还是继续听说服者讲下去？虽然无神论者大都反感有神论者的言论，但我们仍然可以选择耐心地聆听。你要知道，听并不代表打心里接受。你完全可以在听完之后，一笑置之。然而，也有这样的情况，就是本来你是无意想听的，但说服者总在你面前谈及神的种种话题。久而久之，你也觉得他说的似乎真有道理，神或许真的存在。这时，你就已经站在被洗脑的边缘了。

现代社会，网络已经普及到生活的各个方面。网上有很多网友整天在论坛上混。他们今天反感这个，明天反感那个，动不动就口诛笔伐，群起而攻之。其实，每个人都有个人的言论自由，也都有各自的生活方式。别人的生活是否检点与我们没有什么关系，为何还有一群人偏爱制造事端呢？说白了，就是强化大众的意识，让你相信他们所说的是确有其事，以达到他们不可告人的目的。

五、学会换位思考和逆向思考

换位思考，就是设身处地为他人着想、理解至上的一种处理人际关系的思考方式。人与人之间要互相理解，信任，多站在别人的角度上考虑问题。换位思考客观上要求我们将自己的内心，如情感体验、思维方式等与对方联系起来，站在对方的立场上考虑问题，以有效沟通，增进理解。

有段时间，曾有人在网上发表文章煽动和歧视居住在广州的黑人，说黑人是“劣等民族”“没有伟大的文明”，等等。其实，这就是典型的不懂换位思考。想想，早在100年多前的上海外滩公园，那里也曾经立过一块“华人与狗不得入内”的牌子，当时对华人的歧视与今天某些人歧视黑人有何区别呢？任何人都有可能犯错误，无论黑人白人，华人还是外国人，只要就事论事即可，完全不必上纲上线。假如人不会换位思考，就会沦为自己曾经反感的人。

逆向思考就是反过来思考，这种思考方式非常重要。比如有人反对黑车，说黑车存在极大的安全隐患，甚至在某些时候抢了出租车司机的饭碗。针对这个问题，假如你能逆向思考一下，问题就会一分为二地看待。假如某个地铁站刚刚修建，各种设施还没有完善。有人下车突患疾病急需打车去医院。如果不允许有黑车拉活，一时又难以叫到出租车，那急需用车人怎么办？遇事反过来思考一下，再反问一下，我们看问题的思路就会越来越宽。

只要平时养成换位思考和逆向思考的习惯，就能够极大地拓展我们视野，这样，遇到事情时考虑问题就会更成熟。这个时候，谁再想洗你的脑，就不会轻易得逞了。

要想避免被洗脑，得先保持自己有清醒的头脑。

反诡辩——突破思维定式，让诡辩者甘拜下风

当然，无论是谁都会犯错误，这是人生中难以避免的事情。有时所犯错误引发的严重事态是自己事先都无法预料到的。有人犯了错能很快就承认，有人则是极力否认，甚至把责任推到其他人身上。

那些善于辩解的人，在工作犯错、上班迟到、业绩落后时，常常会针对种种特定的场合编造相应的谎言来混淆视听，从而期望将损失降到最低限度，并且尽量保持自己的自尊心。

为自我辩解而说谎的人随处可见，但总体上可以分为以下三类：

1.错误正当化型的辩解。

有人犯了错承认事情是自己干的，但却极力主张这种行为是正当的，自己不应该承担不良后果。

当说“这完全是为了您的利益考虑”的话时，虽然也承认自己要承担一部分责任，但却隐含主要的错误在“您”的身上。

最为典型的事例当属布什拿越南战争为伊拉克战争的争辩。布什是这样说的：“那时（越战）与现在一样。人们争论说，真正的问题是美国（在那里的）的存在，只要我们撤出，屠杀就结束了。”接着，他就以美军从越南撤退为例，指出美军的撤离只会带来更大的灾难性后果，会让数以百万计的难民付出惨痛的代价。

布什真是用心良苦，他是想为坚持伊拉克战争做出辩解，为不肯早些撤军寻找借口，试图让反战情绪越来越强烈的美国选民们耐下心来。

2.拒不承认型的辩解。

这种人拒不承认自己的所作所为以及所应当承担的责任。最典型的就是一些犯重罪的人，比如杀人、抢劫、强奸等，在没有掌握确凿的作案证据之前，在司法机关的审讯中，他们绝对不会承认。因为他们心里清楚，自己的罪行会带来什么样的结果，所以编出各种各样的谎言为自己辩解。只有在铁证面前，他们才会俯首认罪。他们的典型言行就是：“那不是我干的！”

3.极力解释型的辩解。

这种人也承认自己的责任，但却认为这种行为给对方造成了伤害不是自己有意的。

他们在约会迟到从而迫使别人等待后如是说：“实在不好意思，车晚点了。”

酒醉时对异性实施了性骚扰行为，酒醒时说：“我当时烂醉如泥，后来发生的事情全都记不得了。”

一个人如果极力辩解的话，不是他被冤枉了，就是他想推卸责任，保护自己。在他的辩解词中，会加入很多真真假假的说辞来混淆视听。

可见，在现实生活中，掌握一些反诡辩术是十分必要的。

如果我们将语言交锋比作战争，那么雄辩就相当于明枪，诡辩则相当于暗箭。常言道，明枪好躲暗箭难防。我们既要防止遭到小人的暗算，还要适时地予以有力地反击。

一、驳斥诡辩必备的素质

对于一个辩论者来说，最重要的是具备驳斥对方的基本素质。这样，才能在论辩中灵活地掌握和运用技巧，让诡辩者无话可说。一般来讲，驳斥诡辩的必备素质主要包括如下几点：

1. 掌握论辩学、逻辑学的基本原理和规律。

掌握论辩学、逻辑学的基本原理和规律，是同诡辩做斗争的强有力的武器。比如论辩学中所讲的实事求是原则、同一原则、平等原则、充足理由原则等，它们就如揭露诡辩的照妖镜，只要有任何不合逻辑的论辩，它都能揭露出来。因为，不